劉燁，謝蘭舟 ———— 編譯

Alfred Adler

自卑情結

被冷落與溺愛的扭曲心靈，讓阿德勒來拯救

個體心理學大師的經典學說薈萃，獻給仍在苦苦探尋生命意義的你。

「當我們在看待自卑與超越的問題時，

若能戰勝自卑心理、超越狹隘思想，便是找到了生活意義。」

——阿爾弗雷德・阿

崧燁文化

序言

阿爾弗雷德·阿德勒（Alfred Adler，西元一八七〇至一九三七年），現代著名的精神分析學者、個體心理學的創始人、人本主義心理學的先驅、現代自我心理學之父，和佛洛伊德、榮格被人們稱作深層心理學的三大奠基人。

阿德勒幼年時期遭受了很多苦難，但他並沒有對生活消沉自卑，反而以超人的毅力成為了生活的強者，以頑強的意志，刻苦的改變了自己的人生。

阿德勒早年受佛洛伊德影響，很快成為佛氏精神分析學會的重要人物，後因不贊同佛氏的性理論，導致了雙方的決裂。離開佛洛伊德後，阿德勒由此開創了精神分析學派內部，第一個反對佛洛伊德的心理學體系，這對後來西方心理學的發展具有重要意義。

阿德勒當過軍醫、醫學院教授，也擔任過心理醫生，在維也納設立過多所兒童心理輔導診所，到美國和歐洲發表演說和診治病人，他所倡導的個性發展與社會精神，對現代心理學產生了深遠影響。他說：「人不為事物所惑，而是被我們自己對事物的想法所惑。」、「每一個個體人性的關鍵，是看他賦予生命什麼意義。」

阿德勒對人類個體心理的卓越成就，吸引了很多個體心理學的研究者，由此，個體心理學的影響也日益擴大。它透過提高人的社群感，改變了人在生活中的價值觀念，從而重新樹立了生活目標，填補了人類信仰中的此項空白。

阿德勒的個體心理學理論，讓我們了解人生的許多問題，讓我們思考「什麼是生命的意義」。這是一個社會問題，也是一個跟全體人類相連結的感覺，他告訴我們：「生命遭遇最大的困難，以及造成他人最大傷害的，是那些對人類沒有興趣的個體，就是這類個體導致了人類所有的失敗。」

阿德勒的主要著作有：《自卑與超越》、《理解人性》、《個體心理學的實踐與理論》、《自卑與生活》等。本書相信會使讀者在阿德勒的思想體系中，體會到個體心理學特有的魅力，進而省察自己的生活方式，尋求適合自我的超越，為自己正確引導如何面對挫折，以及解決各種矛盾。

阿德勒生平

阿爾弗雷德·阿德勒具有傳奇的一生。

一八七〇年，阿德勒生於奧地利維也納郊區的一個富裕猶太商人家庭，在六個兄弟中排行第二。然而，殷實的家庭環境並沒有給阿德勒帶來快樂的童年，相反，他經受了很大的苦難。阿德勒從小身患先天性殘疾，身體羸弱、行動笨拙，喉部也常因哭叫而窒息。在五歲時，更是得了一場幾乎致命的重病，並從此對死亡留下了陰影，在後來的回憶中，他曾說自己的生活目標就是要克服兒童時期對死亡的恐懼，這也使得幼年的阿德勒決心日後當一名醫生。初入學校的阿德勒仍經歷著苦難的磨礪，由於成績很差，尤其是數學，以致老師覺得他明顯不具備從事其他工作的能力，因而向他的父母建議及早訓練他做個鞋匠，才是明智之舉。所幸，後來在父親不斷的支持和鼓勵下，阿德勒的學習狀況逐漸好轉，甚至成為班上數學最好的學生。

一八九五年，阿德勒進入維也納大學，並取得醫學博士學位，畢業後，他如願地成為了一名醫生。

一九〇二年，阿德勒被佛洛伊德的《夢的解析》感動，並受邀參加佛氏所主持的研討會，成為佛洛伊德最早的同事之一。起初，佛洛伊德對阿德勒備加讚譽，也非常信任，但後來兩人在「戀母情節」的學說上產生分歧。

一九一一年，阿德勒率領他的幾個追隨者，退出了佛洛伊德主持的維也納精神分析協會，另組了「自由精神分析研究會」。鑑於「精神分析」一詞已為佛洛伊德所用，不久他又把組織名字改為「個體心理學學會」。從此，阿德勒便致力於發展和完善他的「個體心理學」理論體系。

一九一二年，阿德勒發表論文《神經質性格》，推出自己的學說和主要概念，奠定了個體心理學派的基礎。

第一次世界大戰期間，阿德勒擔任奧國軍隊軍醫，並在戰後對兒童輔導產生興趣。一九一九年他建立了「學校心理衛生中心」，是維也納學校制度中第一所輔導診療中心，專門從事問題兒童及其家人、學校教師的諮商工作。

一九二四年，阿德勒在維也納召開第一屆個體心理學大會，自此以後幾乎年年都會舉辦。此時，阿德勒已聲名遠播。

一九二六年，阿德勒應邀訪美，將個體心理學介紹到美國；一九二七年，擔任哥倫比亞大學教授；一九三二年，出任紐約長島醫學院教授，期間出版的《生命對你意味著什麼》一書被譯成十幾種文字，出版世界各地；一九三五年，阿德勒決定定居美國，並成為職業精神科醫生。

一九三七年，阿德勒在赴蘇格蘭亞伯丁做演講時，不幸因過勞病逝，享年六十七歲。

阿德勒是建立心理治療體系的第一人，他推廣了重要的心理學原理和概念，如焦慮、衝突、潛意識、自我、超我。他所提出的問題，為後人開拓了探索的道路，不愧為人格理論的先驅。

目錄

第三篇　自卑與超越

第四篇　個體心理學

第一篇　人性的本質

我們所認為會動的、活生生的有機體才有靈魂。人的靈魂與行為、心理之間有密切的因果關係，這個關係構成了人類與植物和其他動物的區別，因此，人類的靈魂也就是人的本質體現。

一切因時間變化、位置轉換而產生的困難，都需要靈魂的預測、收集經驗、累積記憶，使能寄託的有機體更適應生活。因此，我們也可以說人的本質是心理和行為的表現，而所有靈魂完成的演化與進步，都依賴於機體自由行動的能力，這個行動能力會刺激及提高心理生命的強度，行動能力也須依靠較強大的心理生命。

如果我們從這個角度來看本質的功能，我們就會漸漸感覺到，我們的思考是一項遺傳能力的演化，這個能力就是攻擊與防衛的機制，由生活的有機體根據它所處的狀況來反應。本質生命是「侵犯」與「尋求安全」兩種活動的合成，它最終目標是要保護有機體繼續在人間活著，並使他們能安然完成自己的發展。

第一章　人類的靈魂

人性的本質與心理生命是相關的，它支配人的行動朝向一個目標，因此我們不能說人類靈魂是一個靜止的體系，我們只能將它看作諸種活動力量的合成。可是，這些力量卻只是一個原因的結果——

它們一直奮力要求某一目標的完成，這個奔赴目標的目的論，是「適應」的觀念中固有的。我們只能想像心理生命有一個目標，而存在於這個心理生命中的行動，都一一指向它。

一、靈魂與人類的心理生命

靈魂決定人類的心理生命。如果那些朝向常在目標的活動，沒有經過決定、持續、修正以及引導，就不會有人去思考、盼望、夢想。基於此，靈魂生命的一切現象，便可作為是為未來情境所做的準備。

靈魂決定人類的心理生命。如果那些朝向常在目標的活動沒有經決定、持續、修正以及引導，就不會有人去思考、盼望、夢想。這個結果始於有機體適應環境，和對環境反應的需要。人類生命的生理及心理現象，會以我們前面呈現過的那些根本為基礎，如果不局限於常在目標的模式中，人們就沒有辦法想像生命動力在做決定時的心理演化。

然而，承認心理機制中的靈魂只是一般朝向目標的力量，似乎不太可能，可是個體心理學在思考人類靈魂的全部表現，又充分體現在「朝向一個目標」上。

如果你要想知道某人的種種目標，我們必須了解他生活的行動及所表達的意義，並要了解，為達成目標所做的準備，這些行動及表達有什麼價值。此外我們還要明白，在達到目標時應採取怎樣的行動。這就好比我們如果讓石頭落地，會知道石頭的路徑一樣。靈魂雖然不懂得自然的法則——因為常在目標經常變動；但如果某人有了一個常在目標，那麼，他的每一個心理傾向也都會像遵守了自然法則般，追尋著某種驅動力量。

統御法則已確定存在於靈魂生命中，但那是人造的，如果有人覺得談論心理法則已有足夠的證據，那便是表象欺騙了他，因為如果他已確定了周圍的環境，相信自己已展露了穩定的天性，那他顯然已經走偏了。就好比你很想畫一幅畫，也已有人告訴你如何能達到「完成這幅畫」這個目標，你便會依序進行，仿若有一個自然法正在作用。但你之所以畫這幅畫，真是某種驅動力量的推動嗎？

二、人的目標心理

人類活動所朝向的目標，受孩童時期所處環境的影響。目標的確定對我們的文明也有重要貢獻，它使年幼的我們自行探索，並劃定一些疆界，直到可以保證自身安全及適應為止。

人類活動所朝向的目標，受孩童時期所處環境的影響。印象決定我們的理想——即目標——可能在生命前幾個月便已形成；儘管年幼，但某些外在因素仍能激發我們快樂與難受的反應。這便是生命哲學第一個痕跡的顯現，它的表達方式極其原始。我們相信在嬰兒時期，影響靈魂生命的基本因素就已確定，然後再以此為基礎，加蓋別的結構，那些上層結構便可能經過修正、影響或轉變。那些種類繁多的影響很快會迫使年幼的我們，對生命產生固定態度，而且調節我們對生命的問題所採取的特別反應。

人類與文明建立關係共需要多少安全感，在生命的初期可能就已經獲知了。所謂「安全」，並不是免於危險的那種安全，而是「安全」地進一步統合，是人類有機體可以在最適宜環境中繼續存在的保證。比如在策劃完全的機制運作中，也是這樣談到「安全的統合」。僅能滿足本能發展的安全對兒童來說不夠，因為他需要這種安全統合。因此他的靈魂便會產生一種名為「朝向支配及超越傾向」的新活動。

每個人都想優越於別人，小孩也不例外，他一心一意努力超越，因為只有這樣，才能給他與自定目標相仿的安全與適應。因此他心理生命湧出的某種不安狀態，會隨著時間的流逝越發明顯。假如現在的環境需要比較精深的反應，但孩子不相信自己有克服困難的能力的話，我們就會看到他不斷尋找藉口，極力的逃避，但如此反而會更加暴露他對榮耀潛在的渴求。

此時逃避較大的困難、暫時躲避生活成為他眼前的「目標」，並誤以為這樣可以慢慢脫離困難。我們不能把人類靈魂的反應當成是最終或絕對的，需要注意的是，那只是「目標概念」的暫時具體化而已。對於孩子眼光必須放遠，要對他傾力完成目標的能力表示懷疑，不能把衡量成人心理的標準用在兒童心理上。假設我們能透徹詮釋他的靈魂，就會明白，最後的生活在適應具體呈現時，他為自創理想所表現的力量是否恰當。

如果想知道他的活動原因，那麼，必須用兒童視角有關的感情狀態指引兒童。樂觀的小孩對輕鬆解決問題有十足的信心，待他長大成人以後，性格上將認為自己有足夠的力量完成生活中的使命。在這種例子中，我們就可以看到勇氣、開放、坦率、責任、勤勉等的發展；相反，一個對於解決自身問題沒有信心的孩子，這個世界對他來說是多麼的陰鬱！一切弱者尋求保護的特質，如怯懦、內向、不自信等都將顯現出來，而他的目標會遠遠落在生命的前線之後，又遠在可以達到的範圍以外，這便是另一種發展——悲觀。

如果我們想透徹地了解一個人的思想，就必須觀察他與同類的關係。人與人之間的關係，一方面由宇宙的本質決定，是變動不定的；另一方面它也由固定的制度或習俗決定——比如社會、國家的文化傳統。若想完全領會心理的活動，同時就必須了解這些社會關係。

三、群體生活與社會的存在

達爾文很早以前就叫大家注意一個事實：軟弱的動物沒辦法單獨生存，而我們不得不把人類列入這些軟弱的動物當中。但為了在這個行星上繼續生存，人類必須為其軟弱的軀體補充許多人造的東西，那便是靈魂，故靈魂的本質處處體現著群體生活的需要。

從古至今，一切生活形態的基礎都是建立在群體基礎之上，而整個動物王國也都證明了這個基本法則：若一個物種的個體成員無法只依靠自身生存，那牠們必會透過群居集結新的力量。人類沒有其他動物的速度和力氣，沒有肉食動物的利齒，沒有好的聽力與敏銳的雙眼，而這些正是生存戰鬥中必備的條件。想像一個人如果在無一工具的原始森林中生活，那他一定比別的有機體更難生存，故人為了生存，必須要有大量的器具，他的健康、性格、生活形態，都需要有完善的保護計畫。

人只有處在特別有利的情況下才能維持生存，這些有利的情況要透過社會生活才能提供。人類要想保護自己，就必須學會分工，因為「分工」一項，就足以使人類得到防衛及攻擊的工具。可見要多麼小心保護，才能讓一個新生兒活下去！如果你想知道人類到底需要多少照顧，想理解人類為什麼需要社會生活，那你就再想想人類血肉之軀繼承的病痛及虛弱有多少。這樣，你就會明白：社會才是人類繼續生存的最佳保證。

四、人的「安全與適應」心理

從大自然的角度看，人是次等的有機體，意識中經常會出現自卑及不安全感，這便是恆常刺激，督促他去適應自然的技巧，迫使他去尋找可以消除，或儘量減少生活中不利情況的方法，導致必須有一個心理機制來解決安全問題的需要。若非如此，即使有角、爪、齒等防禦，人類也很難脫離原始狀態。

心理機制能彌補人類器官上的缺失，迅速提供急救之路。這個不曾間斷的無力感刺激，發展著人類的預見力及警戒力，使人類靈魂發展到如今能負責思考、感覺及行動的狀態。由於社會一直在適應過程中扮演著重要角色，所以心理生命從一開始便需與群體生活交流，群體生活的邏輯是心理生命發展的基礎。

在這個天生講求邏輯的群體中，我們會發現人類靈魂發展的下一步（因為只有對全人類都適用的才合於邏輯），清晰的語言是群體生活的另一個工具，這個奇蹟使人類有別於其他動物。語言現象（它的形式明白指出其社會起源）並不能適用於全人類，因為單獨生存的個體根本不需要語言，語言只在社群中才有作用。我們可以看看與他人接觸有困難，或無法與外界環境接觸下成長的人，即能證明這一說法。語言的理由，會使有的人逃避與社會發生的關聯，他們就永遠沒有機會學習外語。故語言的形成與保持，依賴的是與人類正常的接觸。

語言在人類靈魂發展中的地位極其重要，它是邏輯思考產生的前提。如果我們要建立概念及了解各種價值差異，邏輯思考是必須的。而概念的形成並非只屬於個人的領域，而是與整個社會有關，當我們的思想和感情適用於全人類時，它才是可以被了解的。例如我們對美麗事物的歡欣感，其基礎在於對美麗事物的認同、領會及感受，這些需求是普遍性的。由此可知，諸如理性、領悟、邏輯、倫理學、美學等思想及觀念，都能在人類群體生活中找到根源。

想了解欲望和意志，我們可以把它當作是一個人的處境。意志不過是一種用於幫助改善不適應感的傾向，它是一項獲得滿意適應的工具。每一項自發的行動，起初都是一種不適之感，它的解決即在於走向滿足的狀態。「行使意志」即意味去感受這種傾向，然後付諸行動。所有用來保衛人類生存的規則，比如法律、圖騰和禁忌、迷信、教育等，都應該受社會觀念的統轄，並且一定要切合於社會觀念。適應社會是心理機制最重要的功能，先前已描述過這個見解，而且發現，這一點不管在個人還是社會，都是如此。

人類性格中最有價值的那一些觀念，諸如公正、正義等，它們滿足了人類社會的需要，這些需要進而塑造了靈魂，並且指揮它的活動。在社會生活適用於全人類的原則下，我們建立並保持了負責、忠誠、坦率、愛真理等觀念。

要想判斷一種性格的好壞，我們只有從社會的角度去衡量，如科學、政治或藝術的成就，只有經過證明具有普遍的價值，才會引人注意。將一般人和理想人比較一下就會漸漸明白：如果想成長為一個恰如其分的人，就必須培養其人類的群體認同。

五、人的社會性存在

我們必須理解，人是一種社會性存在，理解這一點，才能了解人類行為。

前文已揭示，如何透過觀察一個人與其周圍的關係，來判斷他在世界上的獨特地位，來了解他的個性。這裡我們所稱的「地位」，是指他在宇宙中的位置，他對環境和生活問題（比如職務的挑戰、接觸，與他人的結合等）所抱的態度等，而這些都是與他並生的。

影響我們一生態度的，是嬰兒時期經歷的感受。眾多生命中所處的位置，最早可推至他出生幾個月後。出生幾個月之後，兩個嬰兒的行為就不可能相互混淆，因為他們已經顯示了明晰的發展模式，而這模式絕不會改變。孩子的心理活動藉著社會關係日漸擴大；而天生具有社群感的第一個證據，在於嬰兒很早就尋求溫柔的情感，這一點也導致他尋求成人的接近。佛洛伊德認為：小孩會以親近自己的身體來尋求愛，其實不然，「愛的生活」往往導致他親近別人，當然，這種肉體之愛的緊張度、爭取及表現，也是因人而異的。

當我們會用語言表達感受時，這種差異可能表現在言語中，人只有處於最嚴重的精神病之中，固著於靈魂中的社群感才會棄他而去。人類的社群感幾乎終生都保持著，除了接觸到家人以外的親友、國家乃至人類全體時，會偶爾改變、換色、受限，或者擴大、加寬。社群感還可擴大到動植物、微生物，乃至宇宙。

在成長過程中，我們不得不調整自己去適應環境，所以我們的心理機制中都備有一種能力——從外界吸收印象。不僅如此，那個心理機制還會根據對世界的詮釋，隨著幼兒時期發展的理想行為模式，而去追求一個固定目標。雖然我們不能用一個固定且恰當的名詞，來表達宇宙詮釋和目標，卻可以把它形容成一股常在的氣氛，且經常是「欠缺感」的對比。心理活動可能發生的條件是——懷著一個固定的目標。據我們所知，由行為自由而得的精神富足，是珍貴而無價的，而目標的存在正能提供改變能力與相當的行為自由。

當我們剛能直立，跨步全新世界的剎那，都會隱約感到敵對氣氛。第一次嘗試行動——尤其在抬腿學步時——就經歷到各種程度的困難，這些困難可能強化他對未來的希望，也可能摧毀他對未來的希望。大人以為不重要或平常的印象，可能已對孩子的靈魂產生了極大的影響，甚至塑造了他對所居世界的看法。

我們發現，將自己塑造成一個性格暴烈且匆促行事的小孩，往往在行動上有困難；我們只要問小孩他最喜歡的遊戲是什麼，或者問他長大後要做什麼，就可以發現這個理想。小孩通常回答，他想當汽車駕駛員、修理火車頭的機械工程師等，這些都明顯象徵著，他們極欲征服妨礙自身自由的所有困難。他希望有一個終點，可以透過完全自在的行動，消除自卑感及障礙感，而這正是他的生命目標。

不難了解，在發育遲緩或多病孩童的靈魂中，這種障礙感很容易滋生。同樣，生來兩眼有缺陷的小孩，大概會把全世界區分得比一般人更明暗分明；聽覺有缺陷的孩子，則對某些可以讓他們愉快的音調特別有興趣——換言之，聽覺的缺陷造就了他們的「音感」。

感覺器官是小孩用來戰勝世界的所有器官中，決定他與所居世界的主要關係中最為重要的。人利用感覺器官構成他的宇宙圖，其中尤其重要的是用來觀察環境的眼睛。個體強迫自己留心每個人類，並且構成經驗中主要資料的，大半是眼睛。由於眼睛是接觸一些不變持久的基礎事物的器官，與耳、鼻、舌、皮膚等只接受短暫刺激的器官不同，所以視覺構成的世界圖，意義非凡。

但有的人卻以耳朵為主要器官，他心理中的資料庫這時便只能仰賴聽覺，像這種情形，此人的靈魂便可能被稱為具有絕佳的聽覺優勢。而對嗅覺及味覺刺激有絕大興趣的人，又是另外一種類型，對嗅覺比較敏感的那一型，在我們的文明中比較少見。也有一些小孩，他們的肌肉扮演著重要角色，這群人來到塵世，特徵就是比較好動，這個特徵使他們在兒時不停地活動，長大成人後活動量也一樣較大。他們的興趣就是如何能使自己身體的肌肉派上用場。甚至他們連睡覺時也在展現活動，在夢中翻來覆去的睡態來證明「坐立不安」的小孩，也可納入這類人之中。

然而，不特以某一器官或器官群為興趣，去接近世界的人，大致不存在。小孩根據他比較敏感的器官所收集的印象，去構造他的世界圖像，因此，我們只有先知道一個人用什麼感覺器官或用什麼器官系統去接近世界，才可能了解他，因為他的一切關係都因這個事實而改變。一個人的器官缺陷對兒時及日後發展所構成的宇宙圖的影響，以及我們對這些影響所持的看法，決定了他的活動與反應的價值。

第二章　心理現象

人類從小到大的遊戲、興趣愛好、夢的內容及其才能等這些重要的心理現象，其實都是為朝向某一特定目標而做的準備。換言之，所有的心理現象都可以當作是針對特定目標而做的準備，這是個體心理學的基本信條之一。

一、遊戲的作用

生活中，有一個很重要的現象——「遊戲」，它很清楚地顯示了為將來做準備的過程。遊戲並不是父母或教育者信手拈來的念頭，而是對教育的輔助，同時也是對孩子的精神、幻想、欲望、信念和生存技巧的刺激。

小孩對環境的看法，他和環境的關係，以及他和同伴的連繫情形，在他選擇遊戲、賦予遊戲的重視程度、接近遊戲的態度中都可以得到暗示。他是否含有敵意、是否友善，特別是有沒有當統治者的傾向，在玩耍時顯而易見。觀察玩耍中的孩子，我們就可以看出他對生命的全部態度，可見玩耍對每個小孩都有無比的重要性。以上事實讓我們明白，應把孩子的玩耍看作為將來的準備。這些事實是一位叫凱洛斯的教授發現的，同時，他發現在動物的玩耍中也有相同傾向。

把遊戲當作準備的觀點，不勝枚舉，其中最重要的一個是：遊戲不僅是社交的練習，而且能讓孩子滿足其社群感的需要。凡迴避遊戲的孩子，總讓人懷疑他們會不太適應社會，這種孩子樂於從所有遊戲中撤退，如果碰到別的孩子一起遊戲的時候，他們常常破壞其他孩子的玩興。驕傲、自尊感不足、害怕不會扮演角色的恐懼，是這種行為的主要原因。大致說，我們想判斷一個小孩有多大社會責任感，就觀察一下他在玩耍中的表現。追求超越是遊戲時另一個明顯易見的因素，也可以從孩子想當指揮者、統治者的傾向中看出端倪。我們只要觀看孩子如何出風頭，以及對那些扮演領袖遊戲的喜歡程度，就可以發現這個傾向。為人生準備、社群感、操縱與服務，這是絕大多數遊戲所蘊含的因素。

但遊戲中呈現的另外一個因素，就是孩子能在遊戲中表現自己的可能性。遊戲時，孩子多少是呈現了自己，並且他的表現受到他與同伴關係的刺激。在很多人的生命中，確實有孩提時為玩具布偶縫製衣服，後來真的成為裁縫或服裝師的案例。若論替未來職業做準備這一點，那些能夠提供給孩子創意、練習機會的遊戲顯得特別重要。

遊戲也是一種專精的工作，它與靈魂的關係密不可分。打擾一個遊戲中的小孩不是一件小事，我們絕不應把遊戲當作是消磨時間的方法；若論及為將來準備這個目的，則每個小孩都具有一些日後成為某種人物的特質，因此若要衡量一個人，就必須對他的幼年有所認識。

二、人類的專注性

專注，是靈魂的特徵之一。若有機體或靈魂的任何一部分被「專注」喚起，則此時這部分以外的其他緊張都會被剔除在外。因此每當我們想注意任何一件事物時，都渴望排除外在所有的干擾。就靈魂的注意而言，它指的是在我們與特定事實間連繫的意願，也是一種為攻擊所做的準備，要求我們把全部力量朝向某一特殊目標。

人類才能中的另一重要因素是專注，同時，它也是靈魂的特性之一。

當我們用感覺器官來關注我們體內或身外的某種特殊事件時，我們就會有特別專注的感覺，專注並不會遍布我們全身，而只限於某一個感官中。以眼睛為例，視軸的方向會給我們一種特別緊張的感覺，這時我們就覺得有什麼正在準備中。

一個人如果想從某個狀況中退出，改朝向另一個他想要注意的方向，就是「不專注」。因此我們若說「某人沒辦法集中注意力」，這是不正確的，要證明他可以集中注意力很簡單，只不過他的注意力常在別處罷了。意志力和精力的缺乏，與注意力缺乏的情形類似。在那些意志力和精力缺乏的個案當中，我們時常發現，他們在其他的方向表現出堅決的意志和強悍的精力，要治療這種情形，大概只能改變整個人的生命格調。我們可以確定在這種個案當中，追求錯誤的目標是每一個個案的問題癥結。

常有一些人你給他們一個任務，他們或者拒絕，或者完成一部分，或者根本逃避，以至於他們總是成為別人的負擔——不能集中注意力是這種人固定的性格，此類例子相當常見。這種經常性的散漫是一種固著的性格特點，當別人要求他們幫忙或做事時，就會顯露無疑。

有一種疏忽叫「惡意的疏忽」，指一個人因為疏忽必要的安全或健康而受到威脅，此即為失去注意力到極點的表現，這種注意力的缺乏，基礎皆是對同類缺乏興趣。我們若觀察孩子在遊戲中的疏忽特性，就能確定孩子是只想到他們自己、還是會考慮到別人的權利。疏忽現象是衡量一個人社會意識與社群感的標準，若兩者發展不夠充分，即使有處罰的威脅，他也很難對同類產生充分的興趣；反之，發展良好的人會自然的發展出這種興趣。

事實上，惡意的疏忽其實就是缺乏社會責任感，但是我們也不能太過偏頗。

我們可能因為注意力的偏狹而產生遺忘，就如我們可能錯失有價值的東西一樣。儘管原本有著較大的興趣，但這興趣卻可能受經驗缺乏遏阻，以至於產生錯失或記憶的失誤（或者說方便了錯失或記憶的失誤）。學童遺忘課本即這類案例，是因為他們還不習慣學校的環境；常常遺失或誤置鑰匙的家庭主婦，往往是不熟悉家庭主婦這一角色的女性；健忘的人通常不公開反抗，但他們的行為卻說明了他們對任務缺乏興趣這一事實。

三、潛意識與夢

夢不僅顯示出做夢者如何思索解決人生問題，也展示出他怎麼去接近這些問題。再進一步說：社群感和奮求力量，是影響做夢者與現實世界關係的兩個因素，而這兩個因素總是伴隨著我們的夢。

人類的意識領域範圍大抵可分為兩種：一種是對自己潛意識生命認識較多的人；另一種是認識較少的人。在很多例子當中，我們都恰巧發現第二種人所投入的活動範圍比較小，而第一種人則多方面接觸，並且對人、事、物、觀念等有很大的興趣。凡是覺得自己是被遺忘的人，他們都自然地滿足於狹小的生活圈，因為他們不能融入生活，不能像那些會玩角色扮演的人那樣清楚地看出問題，故他們不是好的團隊夥伴，也不太有能力了解生活中美好的事物，因為他們對生活的興趣有限，所以他們只能理解生活問題中不重要的片段，由於害怕個人力量的喪失，選擇排斥較寬廣的視野。

我們常常發現有的人因為低估了自己，所以對自己的生活能力毫無所知；我們也會發現，有的人對自己的短處不很明確，他會覺得自己是個不錯的人，但實際上，他做每件事情均出於自我；或者相反的，有的人自認為有點自大，但是仔細分析的結果卻顯示出他是個好人。我們每個人的每項願望、興趣、活動，都是由我們對社會的整體態度決定的。所以，自己怎麼想或別人對你怎麼想，都無關緊要，重要的是：你對人類社會的整體態度如何。

有一種人，他們過著比較有意識的生活，他們以一種客觀的態度，耳聰目明地去接近生活；還有一種人是以偏見的態度去接近生活，因此只能看見生活的一部分，而這種人總是無意識地支配自己的言行舉止。

如果這兩種人生活在一起，大概會困難重重，因為他們彼此總是站在對立的位置上，任何一方對對方都一無所知，他們只堅持自己的觀點及態度，大發議論以顯示自己是和平的鬥士，然而事實卻並非那樣。

判斷一個人的時候，我們不能只受對方有意識行為的指引，因為對方沒有覺察的思想及行為上的細節，往往可以給我們更佳的線索去了解他真實的人格。

有的人有咬指甲、挖鼻孔等不雅習慣，然而他們不知道他們的行為透露了一個事實：他們是固執的。當我們的觀察越來越深入時，就能藉著觀察這種細節（然而這卻是他整個存在的反映），得出關於與對方相去不遠的結論。人類靈魂具有指揮意識的能力，也就是說，從某些心理活動的立場來看，碰到需要有意識時，它就會先指揮意識；反過來，若讓某些事保留在潛意識中，使人不知不覺，但對維持一個人的行為模式有幫助，靈魂便會自動這樣做。

如果向對方明示他原本不敢正視的傾向，那就干擾了他整個心理機制的運轉：自己一直努力防止發生的事終究發生了。他潛意識的思考過程突然變得清楚澄明，那些從未有過的想法、那些如果有所察覺必定會滋擾他們全部行為的傾向，現在都赤裸裸地擺在眼前。

人類都只想排斥那些可能攔阻他前行的觀念，人類敢做的事，只是那些在他們對世界的詮釋中含有價值的事，只對有助益的觀念有所知覺，並把干擾他們的觀念毫不猶豫地推進潛意識裡面。

我們一直認為可以從一個人的夢裡，得出一個人的人格，與歌德同時代的李克登堡說過：「從一個人的夢去猜測他的性格和本質，比從他的行為及言談去猜測更好」，這話又說得有點太過了。我們的看法是：我們必須以最審慎的態度去處理心理生命的「單一現象」，而且在單一現象與其他現象相連時才能處理。因此，我們只有證實了對夢的解析，並且在其他特性裡找到了支持證據，才能從一個人所做的夢中，做出與其性格有關的推論。

讓我們看看歌德在〈婚姻之歌〉（Marriage Song）裡所描述的夢中夢：一名騎士從鄉下回來，見到他的城堡已經荒廢，因為疲倦，倒頭便睡。睡夢中他夢見床底下跑出一些矮人來，而且還看見他們在舉行婚禮，夢裡的歌德相當高興做了這個夢。而彷彿想確定自己需要娶個老婆一樣，後來在他慶祝自己婚禮時，夢境中的情景竟在現實中也發生了。

在這個夢裡，有許多我們熟知的因素。首先，這個夢的背後藏著詩人歌德對自己婚姻的成見，此外我們可以進一步看到，做夢的騎士在歌德詮釋的需要中，是受當時生活狀況所引發的態度。由於自己生活狀況需求婚姻，所以歌德的夢裡便縈繞著婚姻問題，以致於次日醒來便決定：若他也結婚，現狀一定會有所改善。

但並非所有的夢都這麼好理解，人只能理解很少的一部分，很多夢我們一做過立刻就忘了，若我們不精通夢的解釋，就無法了解它的意思。這些夢只不過是一個人行為模式的象徵、隱喻反映而已。

夢給我們機會去接近我們急於發現自己的情境，這便是夢的主要意義。如果我們正在思索如何解決一個問題，而我們的人格為我們指出了接近的方向，那麼我們所需要的只是尋找一個能解決問題的力量罷了。而夢就非常適合強化情緒、製造解決問題所需的活力。

第三章　性格特徵

性格是一個人嘗試去適應他所居住的環境，而顯現出來的特殊作風。性格是一個社會性的概念，我們只有在考慮一個人與環境的關係時，才談到性格。

一、性格特點

性格特點好比是一種生存的模式，而不是遺傳的，使我們在潛意識的言行中表現出我們的人格。性格特點在我們出生沒多久就產生了，它們不是首要元素，而是次要元素，它們是由人格的潛在目的而被迫產生的。

性格也不是一個人的癖性，而是他為了在生活中維持獨特習慣所產生的。現實中有人很懶惰，但這並非天生，而是因為懶惰適合他的生活與習性。在這種模式中，權力態度有相當程度的表現，一個人有可能強調自己天生的缺陷，以便在面對挫折時能挽回一點顏面，而如此內省的最終結果往往就像這樣：「如果沒有這項缺陷，我的才能一定可以發展得很出色，可惜我『有』這個缺陷！」；還有一種人，由於權力欲望的驅使，使他深陷於與環境的長期戰爭中，而這種人往往擁有一些適合戰爭的權力表現，諸如野心、嫉妒、懷疑等。這類性格特點雖與人格無異，但它實非遺傳，並且還可以透過一些外力來改變。

目的是影響一個人生命格調、活動、行為、世界觀等的重要因素，心中若缺乏目標，就不能合理的思考，更不能付諸行動；在孩子靈魂的幽暗背景中，目的從幼年起即指揮著他的心理發展，給予孩子生命形態和性格，並且使每個人成為一個特殊的單位，此單位之所以別於其他的人格，乃是因為他生命中的表現，全部由一個常見但獨特的目標所指引。若能明白這點就會知道，如果想深刻認識一個人，就必須清楚掌握他的行為模式。

在人類的文明史中，某些事實、某些怪癖、某些生理生命和心理生命的表現，對青少年而言確實有意義，這些事實和怪癖的共同特徵是：它們會刺激模仿。因此，有時候以「看」顯現的求知欲，很可能是在視覺有困難的孩子身上導出的好奇性格特點，但是這個性格特點的發展並非必然，如果這個孩子的行為模式覺得有其他需要，則同樣這份對知識的渴求，也可能發展出截然不同的性格特點——這個孩子可能會以探究分析一切事物為滿足，亦或者會成為一個書呆子。

據此，我們可以分析聽覺有困難的人的不信任態度，由於他們在一般的文明裡被暴露在較危險的情境中，所以他們便以極大的注意力來感知這個危險。此外他們也有被嘲笑、被貶低的危險，而且還常被認為是殘障者，凡此種種都是發展成不信任性格的重大因素。由於聽覺有困難的人無緣接觸很多樂趣，也難怪他們會對樂趣抱敵視態度。基於此，過去假設他們天生具有不信任性格的說法就不能成立。有人認為犯罪性格也是天生的，這種說法是非常荒謬的，在現實生活中，這些個案裡都有一個壞榜樣，有一種看待世界的傳統態度，像一些人從小在家庭裡，即被灌輸了以偷竊維生的觀念。

這個方式，也可以用來去思考如何追求別人的認可。每個小孩都要面臨許多人生障礙，故所有小孩在成長中都追求某種形態的重要性，這個追求的形態可以替換，而且對個人重要性的追求都有個人的方式。主張孩子性格特點和雙親相類似的說法：孩子會以環境中已獲得重要性及被尊重的人，為他的理想模範，也因此，每一代子孫都會從祖先那裡汲取有用的東西。

在每一張友善面具的背後，都隱藏著一個超越的目標，社群感的存在抑制著它光明正大的發展，所以它必須在祕密中進行。可是我們必須再一次肯定，如果我們人類彼此多了解一點，超越的目標必然不會這樣繁茂的生長。如果我們能進步到每一個人能透視周圍人的性格，那時我們不但能更周全地保護自己，同時也能阻止別人追求權力，能更真切地識別這些關係，也能夠運用已取得的各種觀察作為證據。這時，遮遮掩掩的追求權力這種行為終將會消失。

二、社群感的形成

我們不斷被社群感的警戒聲音提醒，但這並非要我們經常把社群感放在有意識的思考行動中，而是告訴我們要想扭曲它、撇開它、改變它，必須要有相當強的動力；再者使得每個人在行動之前，都得先經社群感的考核。

在生活中，群體生存的邏輯支配著我們，這點確定了一項事實：要評估我們的同類，我們需有特定的標準，而一個人所發展的社群感程度，就是評判人類價值的唯一標準——千秋萬世都將如此。世上沒有什麼言辭可以讓我們完全逃避對他人的責任，也沒有一個人能真正破除社群感的完整性，所以我們只能承認心理上對社群感的依賴。

這個行動及思想的考核源於社會體的潛意識感知，最起碼，我們常須為自己的行動尋找可以被人諒解的理由，這個事實就是由社群感的考核決定。從這裡面產生了生活、思考，行動的技巧，或使我們以社會團結的外貌欺騙自己，或使我們盼望與社群感經常保持和諧。

據此我們知道，有一種社群感的幻象存在著，它有如一面罩子遮蔽了某些傾向，而必須揭開這面罩子才能讓我們對一項行為或一個人有正確的評價。人性學難度相對的提高，也是因為欺瞞的發生增加了評估社群感的困難。

讓我們來看一下真社群感與假社群感的差別：一位老婦人正要上公車時，滑了一下，跌倒在雪地上爬不起來。一些人匆匆走過，都沒有注意到她，最後有個男子走到她身邊拉起她，這時，一直躲在某處的一個男子跳過來，招呼著這位俠義的善士：「謝天謝地！終於找到一個好心人了，我已經在這裡站了五分鐘，等著看是否有人來把這位老婦人扶起來，你是第一個這樣做的人！」這段故事揭示了，表面的社群感是怎麼被人誤用的：躲起來的人並沒有去幫助老婦人，而只用了這個明顯可察的技巧，就把自己提升到審判別人的地位，去嘉許或責備別人。

複雜的例子不容易確定社群感的高低，這時除了徹底的探究別無他法，而如果一旦這麼做，我們就不會長久處在黑暗中。比如有一位將軍，他雖已知道兵敗在即，卻仍逼迫幾千名士兵死守。這位將軍會說，他是為了國家利益著想，相信也會有很多人贊同他的說法，但是不論他拿什麼作藉口，要想我們把他當作真正的人類同族總是很難。

為了正確判斷這類難以確定的情況，我們需要一個普遍可用的立場。這樣的一個立場，我們可以在「社會性功效」和「人類整體幸福」（即「公益」）

的概念中找到，而一旦站到這個立場上，碰到要確定的特殊事例時，便很少會感到困難了。

每個人的一舉一動，都是社群感程度的表露，有時可以從一個人的外在表現中明顯的看出來，比如他注視另外一個人的樣子、搖手的方式、講話的方式等。他的人格也能以某種方式給我們留下不可磨滅的印象，而我們幾乎也可以直覺地感知他的人格。如果我們對一個人的行為在不知不覺中下了結論，那麼連我們自己的態度，都難免會對這些結論相當依賴。綜上所述，我們所做的，不外乎把這個直覺的本事帶進意識領域中，讓我們能夠據此衡量社群感，最終目的是希望我們能因此避免鑄成大錯；而把它轉移到意識領域的意義，僅在於讓我們自己少些偏見。

若清楚了一個人的各種社會關係和環境，那不妨評量一下他的性格。如果我們從他的生活中抽出單一現象，並且單就這個現象來評判（比如只考慮他的身體狀況、環境、教育等），我們一定會被迫做出錯誤的結論。

這個想法可立即卸除人類重擔，此乃它的可貴之處。要更了解自己，一定要建立一個更切合我們需要的行為模式，唯有這樣，我們才可能應用我們的方法，影響別人達到更佳的境地，並防止造成殘酷的結局；若能這樣，就不會有人因家庭不幸、遺傳因素而淪入悲慘命運。如果我們朝著這一方向前進，那麼我們的文明將跨出決定性的一步！

有自覺、有勇氣、有理想、有目標、能掌握自己命運的新一代將誕生。隨直線努力去了解他的目標，並且發展進取、勇敢的性格，而他性格發展的開端通常都有積極、前衛的特點。不過這條線也很容易更改，其中產生的困難，源於反對孩子的那股巨大力量，這股力量阻止孩子直接去超越目標，但小孩卻想方設法越過這些困難，因此改變直線前進的方向，產生另一些性格特點。

除此之外，在孩子性格的發展中，還有許多其他的困難，比如器官發育不全、環境的打擊和挫敗等，都有類似的後果；再者，較大環境（比如：世界、不能避免的老師等）的影響，其實更重要的，如何在我們的文明裡生活，已存在於老師們的要求、疑慮和情感中，這些要求、疑慮和情感最終會影響到孩子。引導學生朝向社會生活及流行文化走的，是教育中早已成形的色彩和態度。

在第二種改道的情況中，我們會看到一個完全不同的孩子。他知道有反對者存在，所以會很小心，這時他嘗試「改道」（不直接接近，而是利用機巧），以達到被認同及獲得一定權力的目標。他的心理發展與這個改道的偏離程度有關，他是否因此變得過分小心、配合生活的需求、逃避這些需求，完全由這些因素而決定。如果他不願直接接近他的問題，變得懦弱膽怯、拒絕正眼看人、不肯說實話，這些表現其實未必代表另外一個類型的小孩，他的目標與勇敢的小孩是完全一致的，雖然行為不同，但目標卻一樣！

同一個人身上可能存在著兩種不同性格的發展，這種情形的發生，特別容易發生在小孩的傾向尚未明顯地具體化時，或者他的原則尚可伸縮時，可能他第一次失敗便放棄老路，而積極主動地去尋找別的出路。

適應社會生活的大前提，是未被破壞的群體生活，一個人只要對環境抱著融洽相處的態度，他就可以輕鬆地教孩子如何適應環境，只要他們能夠把對權力的追求減低到不影響孩子的程度，家庭戰爭便可消失。如果父母了解孩子的發展原理，他們便會避免使孩子直線性格發展成誇大的形式——比如勇氣退化成魯莽、魯莽再退化成粗魯的自我主義。除此之外，他們不僅能避免外界強行製造的權威，而且還能避免製造嚴謹服從的假象，否則，孩子可能因為這種有害的訓練而導致被壓抑、害怕真理、害怕坦白。

教育上若使用壓力，就如一把雙面刃，只會產生外表上的適應。強迫性的服從只是表面的服從，孩子與環境的基本關係，會反映在他的靈魂裡，因此我們想像中可能出現的、直接或間接影響孩子的障礙，都會反映在他的人格中。小孩對外界的影響沒有能力表示任何評論，所以周圍人無法了解他。而他的人格便就在這個難題，和他對這些障礙的反應共同構成。

三、樂觀與悲觀的傾向

樂觀主義者性格的發展是直接的，他們有勇氣接近一切困難，對自己充滿信心，懷著輕鬆愉快的態度做人；悲觀主義者是由兒時經驗及印象而得到「自卑情結」的人，他們往往朝向人生的陰暗面，比樂觀主義者容易感知人生困難，因此他們很容易喪失勇氣。

人格分類的另一個衡量標準是：看他如何面對困難。樂觀主義者性格的發展是直接的，他們有勇氣接近一切困難，對自己充滿信心，懷著輕鬆愉快的態度做人，由於他們對自己恰當的評估，所以對人生不做過多要求，也不會覺得自己被忽略了或不重要。因此，能輕鬆面對人生困難，而且總是很樂觀的面對錯誤。

可以從態度上立即分辨出來樂觀主義者，他們不懼怕，談話開放自在，不過分謙卑，也不過分自抑。假如讓我們用創造性的詞語來形容他們，我們會說他們「有開放的雙臂」，隨時準備接納他人。他們與人接觸容易，交友沒有困難，因為他們不懷疑；他們說話沒有阻礙，他們的態度、舉止、步伐，都是自然輕鬆的，但這種類型的例子一般只存在於一歲之內的孩童中，不過，成人中也有不少能讓我們感到滿意的樂觀者。

在教育上，最大的問題其實是悲觀主義者的存在。對他們而言，所有困難都變成「人生坎坷」的感受，出於悲觀的個人哲學（這套哲學在孩提時代曾經受到錯誤的對待和滋養）。由於不安全感的折磨，他們常常都在尋找保護。他們的求救聲表現在外在行為中，若他們是孩子，沒有辦法獨自站立，一定會纏著媽媽，或者一和媽媽分開便吵鬧不停，甚至到了老年，還可以聽到他們對母親的呼喚。

從這種畏怯膽小的外在態度，可以肯定這種人異常謹慎。悲觀的人永遠在考慮可能的危險，就連睡覺也不安寐，為了保衛自己對抗人生的脅迫，彷彿永遠都處於備戰狀態。儘管他們也很嚮往人生的歡悅，但他們身上的歡悅卻少得可憐，睡眠困擾就是一個人小心翼翼的標誌。一個睡不好的人，他發展出來的生活技巧是拙劣的，如果他對人生的結論正確，那他根本就不敢睡覺了；假如人生真如他所相信的那麼難堪，那麼，睡眠實在是一種很差勁的安排——若對睡覺這種自然現象抱著敵視態度，那說明悲觀者對人生毫無準備。

若一位老人總是去察看房間是否上鎖，或者夢中盡是小偷強盜，我們是可以懷疑他有悲觀傾向。這種類型實在也可以從睡眠姿勢辨認出來：睡覺時蜷縮到最小，或者把被子蒙蓋過頭，多半屬於這類人。

四、攻擊與防禦的特性

攻擊者的態度特徵是行動暴烈。凶暴和殘酷的特性通常表現在攻擊者身上，他們如果剛好傾向悲觀，那麼，所有關係、所有環境都會改變，因為他們既沒有同情心，也沒有合作的能力，他們只能仇視全世界；防衛者則覺得自己備受打擊，所以他們經常在防衛。喜歡批評他人，是這種人最常見、最突出的特點，他們甚至有時一眼便看出別人最不重要的缺點。他們批評別人，傷害其他同伴，抬舉自己成為人類的審判者，自己卻從不沾手任何對人們共同生活有益的事。

攻擊者和防衛者也可以透過人格來劃分。攻擊型的人倘若具備勇氣，往往會為了證實他們的能力，而把勇氣強化成魯莽，但是從這裡卻洩露了統御著他們內心的深層不安全感。這種人如果感到焦慮，就嘗試使自己強硬，以對抗恐懼，至此，「大丈夫」的角色被他們扮演到了可笑的地步。更有甚者，他們壓制所有的溫柔、細膩，因為這被他們認為是軟弱的象徵。

凶暴和殘酷的特性通常表現在攻擊者身上，他們如果剛好傾向悲觀，那麼，所有關係、所有環境都會改變，因為他們既沒有同情心，也沒有合作的能力，他們只能仇視全世界。但他們對自我價值的知覺，卻可能同時達到很高的程度，他們可能使驕傲、自大和自我價值感膨脹。他們自以為是征服者，盡其所能展現著虛榮，但是，他們明顯的態度和他們行動的繁冗，不僅破壞了他們與世界的和諧關係，也洩露了他們的全部性格——一個奠基在變幻不定基礎上的結構。而他們的攻擊態度便是如此發源，且可能延續很久。

而攻擊者如果不能達成使命，他們的發展就此中止，然後轉變為另外一種類型——防衛者。防衛者彌補不安全感的方法，不是沿著攻擊的路線，而是借助焦慮、防備、懦弱等方式。我們可以確定，如果不是上述那種攻擊態度的失敗，就不會有第二種類型出現。防衛型的人會很快被不幸的經驗嚇倒，致使他們推斷出容易被自己擊退的絕望結論。為了圓滿演示他們的失敗，有時他們會假裝在撤退的路線中做項有益的工作。

多疑迫使防衛者帶著焦慮、猶疑的態度，所以他們不管面對什麼事，都會顯出一副要逃的樣子。如果要我們象徵式描繪這種人，可以說：這種人一面遮著眼睛，避免看見危險的事物，一面卻又不忘抬手保護自己。

凡是不信賴自己的人也永遠不會信賴別人，而這種不信賴的態度，又不免要發展出猜忌和貪欲來。這類懷疑者所經歷的獨立生活通常表示他們不喜歡為別人準備快樂，或者不喜歡參與別人的快樂，不但如此，他們甚至把別人的快樂當作自己的痛苦。

這類人為了維持他們優越於人的感覺，有時可能藉一個有效而不容易摧毀的表象，在他們這個不計一切代價去維持優越感的欲望中，他們可能發展出一套微妙的行為模式，使人乍看之下，絕不會想到他的行為是源於對人類的敵意。

第四章　情感和情緒

情緒、情感並不是什麼無從解釋的神祕現象，凡遇到合於個體既定的生命格調、合於其原本的行為模式時，情感就會出現，用意是為了個體的好處，而變化個體的情況。個人如果被迫採用他法來達成其目的，或對其是否能達成目的失去信心，便會產生較猛烈的情感與行動。

一、厭惡性表現

所有暴躁的、憤怒的、尖刻的個性都是社會之敵。必須提醒大家注意，那些人所追求的權力是建立在自卑感的基礎上；在暴怒中，他們的優越和自卑暴露無遺，藉他人的不幸來提高自身的價值，實是卑劣的行徑。

1・氣憤

生活中，有一種情緒叫氣憤，它是追求權力和支配欲的典型。它的顯現就是要迅速猛烈地摧毀橫於面前的障礙。一個氣憤的個體，就是努力運用力量追求超越的人，這樣的追求認同，有時候會轉化成真正的權力。一旦有此結果，我們必定會看到這種人從削弱他人權力感而得到小小的刺激，我們也對這種行為報以極大的憤怒。他們相信（也許是過去經驗導致的結果）可以利用這種情緒，輕易、為所欲為地打敗對手。這種方法雖非上策，卻在多數情況下有效，很多人都曾藉偶爾發作的狂怒重新贏得權威。

氣憤雖有時也會合理，但現在我們暫且撇開這種情況。討論氣憤，我們指的是常常運用這種情感，且已經成為一種慣性及標誌性反應的人。有的人真的將憤怒運用到得心應手的地步，而且人盡皆知，追根究柢是因為他們沒有解決問題的方法。這種人通常是傲慢敏感的人，他們容不下勝過他們或與他們相等的人，只有自己成為最優越者時，他們才能得到快樂。於是他們雙眼始終銳利地保持警覺，免得有人太靠近他們，或者不尊重他們。「不信賴別人」的個性，最常與他們的個性相連結，信任一個人對他們來說是不可能的。

除了憤怒、敏感、不信任，還有另一種性格會伴隨著他。如遇到棘手的問題，我們很難想像這類極有野心的個體會如何受到驚嚇，因為他們從來都無法適應社會，而一旦遇到他不能接受的事物，他唯一的反應便是大聲抗議，而那種態度常常使周圍人不舒服。比如他可能打碎鏡子、摔壞昂貴的花瓶，那股破壞環境的欲望總是十分明顯，明顯是有一套計畫存在。人們也不相信事後他會請求原諒，說自己當時不曉得在做什麼，因為他總是在破壞有價值的東西，他也從不把自己的憤怒限定在無價值的事物上。

這種方法雖在生活的小圈圈裡有一定程度的效果，但只要這個圈圈擴大，它也就失效了，所以習慣生氣的人，往往很容易陷入與世界衝突的陣營中。

在生活中氣憤很常見，只要提到「狂怒」這類詞，就能想像到暴怒者的形象，他們面對世界的敵意十分明顯。氣憤的情緒幾乎無視社會的存在，它是追求權力目的一個很激烈的方式。

2．悲傷

一個人有了失去的情緒但卻無法獲得安慰，就會產生悲傷。悲傷和其他情緒一樣，剛開始不過是悲痛或軟弱的補償，最後則會發展出一種想獲得更多關照的意圖。就這點來看，它的價值與發脾氣一樣，兩者的區別在於，悲傷是因某種刺激而起，其態度和所用方法也不同。

悲傷情緒中的「求取超越」與其他情緒相同，但易怒的人則是尋求提升自我，而貶抑對手，並將憤怒指向對手；悲傷則是一種心理態勢的退縮——這是悲傷者獲得自我提升及自我滿足的必備條件。不過，這份滿足雖然與氣憤者不同，依然是一種與環境相抗的行為。悲傷的人會藉著抱怨，把自己放在與同族對立的位置上，而人的天性本就隱藏著悲傷的本質，它的擴大便會成為一種反抗社會的姿態。

所謂悲傷者，是藉周圍人對他的態度而獲得提升。我們都知道悲傷者會因別人的服侍、同情、支持、鼓勵、幫忙而覺得舒坦一些；這種心理活動若成功轉換成眼淚，那悲傷者就會因此而提高自己的地位，成為現有秩序的評判或原告。這名原告因憂傷而對周圍人的支配愈多，其需求就愈明顯。悲傷者基於的是一種不可抗辯的理由，束縛著周圍人對他的責任。

我們可以看到，這種情緒明顯暗示著從軟弱到超越的追求，能去除無力感和自卑感，以維持個人地位。

3．嫌惡

在嫌惡的情緒中，明顯有疏離的成分，雖然它並不像其他情緒中的疏離成分那麼明顯。在生理方面，胃壁一旦受到某種刺激，就會噁心甚至嘔吐；可是在心理方面，要產生「嘔吐」是要有某些意圖的，情緒的疏離性因素在此顯而易見。嫌惡情緒造成的結果印證了我們的看法：嫌惡是一種姿態。由嫌惡而產生的扭曲面容，象徵著對周圍人的輕視、厭惡，以及拒絕解決問題。

假裝嫌惡以脫離不快的情境，這不失為一種便利的方法，而一旦擺出了嫌惡的嘴臉，即能離開社交的場合。沒有哪一種情緒能像嫌惡一般這麼容易佯裝，只要稍加練習，任何人都可以是佯裝噁心的高手。於是乎，一個無害的情緒就成了對抗社會的有力武器，或成為逃避社會的藉口。

4．恐懼和不安

不安是人生中最常見的情緒之一，它不僅是一種疏離性情緒，而且還會造成對別人的束縛。孩子因害怕某情境而逃避時，他會去尋求保護。「不安」這種情緒不會直接去支配任何人，反而會展現出失敗的一面：一個人不安時，就會盡可能地弱小化——這時即能看出它的疏離性情緒，但同時也懷著一份對優越的渴求。不安的人會躲避到別種情境的庇護中，並持續防衛，直到他認為自己能夠勝過要面臨的所有危險。

不安有著一個根深蒂固的來源——即源於每種生物的原始恐懼。人類因本質上的軟弱而缺乏安全感，故很容易就臣服於這種恐懼。小孩所缺乏的東西都必須由別人供給，故在生命之初就感受到了那些困難。這一生命的情境影響著小孩，故他在奮力求取安全感的過程中，始終懷有可能失敗的危險意識，以致發展成了悲觀哲學。也因此他的支配本質，變成了渴求外界的協助與關懷。人愈是無法解決人生的問題，就愈謹慎，一旦你強迫這種孩子前進，他們立刻會擺出畏縮的姿態，因為性格中明顯帶有不安的情緒，所以他們總是準備隨時撤退。

不安情緒在生活中表露時，我們也會看到當事人漸漸出現反抗。但這反抗既無攻擊性，也不直接顯示。當不安出現病態性的退化時，我們將能清楚感覺到當事人是如何向外求援，又是如何拉住每一個人將其緊繫在自己身旁。如果我們對此現象進一步研究，便會轉向前面所提出的問題：處在不安情緒中的人，無時無刻不在要求別人的支持、要求別人的注意，以至最終構築一種主僕的關係，宛如別人必須隨侍一旁，給予協助和支持一樣。

不安者一生向許多人追求特殊認同，因為他們已失去獨立自主的能力（與生命接觸不足和不正確所致），所以他們會用極其激烈的方法去要求特殊的待遇。不論他們找到多少同伴，他們終究沒有足夠的社群感，而他們只要一顯出不安和驚嚇，即能顯現出其特權地位。「不安」幫他們去除了生命的要求，而這份不安將慢慢滲入當事人生活裡的每一層關係，成為他支配別人的重要工具。

5．情緒的誤用

如果有人想了解情緒的意義和價值，就會發現情緒是克服自卑感、提高人格特質、獲取認同的寶貴工具。小孩子一旦搞清楚他可以利用憤怒、悲傷、哭泣等方法抗議他受到的疏忽，他就會一而再、再而三地試驗這套支配別人的方法。如此一來，他就可能陷入一種行為模式中——即使對一些並不重要的刺激，他也用一貫的情緒給予反應，只要有需要，他便不失時機地對這一情緒加以利用。

濫用情緒是一種不良的習慣，甚至可能轉變成病態，若孩提時代即如此，成人後便會常常誤用情緒。生活裡並不難見到，有的人使用憤怒、悲傷等各種情緒，將情緒玩弄於股掌間，這種使人不快的性格，只會剝奪情緒的真正價值。情緒的表演成了個體遭人排斥、或支配權受威脅時的慣性反應。悲傷若只以令人厭惡的哭號表現，就猶如一則低俗粗陋的個人廣告。

情緒造成的身體反應也會有同樣的誤用。強烈的憤怒會影響到某些人的消化系統，以至於狂怒時他們就會嘔吐，而這個身體反應的敵意是再明顯不過了；悲傷情緒則與拒吃連結，以至於悲傷的人臉部消瘦、體重減輕，如此便有十足的「悲傷形象」。

由於這些情緒的誤用會影響到他人的社群感，所以這些誤用的類型也都與我們有關。一個人若去向受苦悲傷之人表示友愛，一般而言，激烈的情緒就會減弱；但有的人卻希望悲傷永遠別減輕，因為只有這樣，才會有周圍的許多友誼和同情，這些使他們感覺到人格的提升和優越。

雖然憤怒和悲傷被我們寄予了不同程度的同情，但它們終究是疏離性的情緒。這種情緒不會真正的拉近與人的距離，反而會因損害了社群感而更加疏離了。悲傷也的確會促成人與人之間的結合，但並非是正常的結合，因為對當事人雙方都沒有貢獻，反倒造成了社群感的扭曲。如此，不用多少時間，他人就要為此負起更大的責任。

二、親和性表現

溝通人與人之間最好的橋梁是快樂。快樂既是向同類伸出友誼之手，也是把溫馨傳遞出去。

1．快樂

快樂的人無法忍受疏離，他們反而會尋找同伴、與人擁抱、與人遊戲，以及一同享受美好事物。

在快樂的情緒裡可看見所有的連結，這種情緒的人是想克服不滿足或孤獨之感。如此，他們可能沿著我們前面提示的路線，去取得某種程度的優越感。不過，快樂可能是征服困難的表現中最好的一種。「笑」與「快樂」相伴出現，它帶有釋放、自由之力量，它不但能超越人格，還能與人相融。

但現實中，「笑」和「快樂」卻可能因某些個人目的而被誤用。因此一個心理情感不健康的病人，若聽到一場劇烈地震的報導，會顯現出快樂的樣子——因為悲傷使人沒有力量，故他會更加接近快樂而逃離悲傷。

有的人看到別人痛苦時會表現出快樂，這是一種快樂的誤用。凡是在不當的時機、不對的地點所顯露的快樂，都是排拒、破壞社群感的，更是一種疏離性的情緒，是一種征服的工具。

2.同情

在社群感的多種表現中，最單純的是同情。只要我們在一個人身上找到了同情，大致就能確定他的社群感已然成熟，因為個體是否能與別人融合的能力，正是體現在這種情緒上。

但同情的誤用卻比同情本身更為普遍。比如一個人假裝自己很有社群感，我們便會看到他擠到災難現場，為的是獲得一個救死扶傷的名聲，然而他對於受難者，實際上並沒有一點有益的作為。

已職業化的同情者和施捨者，幫助別人時往往帶著同情與施捨，因為他們能在受施捨者上獲得優越感。深解人性的羅契弗考曾說：「人總是預備在朋友的不幸中尋找滿足。」

但若把人類喜愛悲劇的理由與這個現象齊觀，就是錯誤的。有人說，看悲劇的人感覺比舞台的角色還要神聖，此說並不適合於大多數人；我們之所以對悲劇有興趣，多半是起於自我認識、自我教育的欲望，並沒有忘記那只是戲劇，並會利用其中的情節來增加人生的原動力。

3．羞赧

羞赧是一種同時具有親和與疏離性質的情緒，是社群感結構的一部分，並且無法與我們的心理生命分開——即人類社會不可能沒有這種情緒。當一個人的人格價值即將被降低，或意識中的自我價值即將喪失，羞赧情緒便會產生。這種情緒會明顯地轉移至身體，造成末梢微血管擴張，而微血管一充血便會看見泛紅現象，這現象最常見於臉部，有的人也會有全身泛紅的情況。

退縮是羞赧的外在表現，那是與輕微沮喪密切相連的孤立姿態，並預備著從有威脅的情境中撤退。羞赧時的沉默與眼光低垂都是逃脫的舉動，表明了它是一種疏離性情緒。

羞赧和其他情緒一樣會被誤用，有的人太容易臉紅，以至於破壞了與朋友的關係，而此時它的孤立性質就非常明顯。

第五章　人生的挑戰

什麼是人生的挑戰？簡單而言，所謂「人生的挑戰」，即必須思考和面對的人生問題。人類必須面對的人生問題很多，而社會生活、工作、愛情這三個問題，更是長久以來不斷地面對我們、逼迫我們，向我們發起挑戰，無法逃避。而只有擁有足夠社群感的人才能解決它們。

一、自我觀念

每個人對自己、對人生的問題都有一個「觀念」，把他牢牢抓住，即使他不了解這個觀念也不能說明。這個定律是在短暫的童年中出現的，且是在沒有經過分辨與思考的情形下，潛意識運用人天生的能力以及外在世界的影響所發展出來的。

個體在生活中的一舉一動，都能顯示出他對自己的能力有一定的看法。而且一開始他就對於自己在任何情況下，行動是否會有困難，了解的非常清楚。換言之，我們確信人的行為出自他的觀念。對此並毋須感到驚奇，因為我們感受到的並非事實，而是外在世界主觀形象的反映。

我們會以自己的生活風格解釋現實的重大事實，而只有面對到和自己解釋相衝突的事實時，才會在直接經驗的細節改正對事實的看法，在不改變人生觀的情形下，允許因果影響到我們的判斷。事實上，人看到一條毒蛇過來，是真的毒蛇，還是只是「相信」那是一條毒蛇，對他的效果都是一樣的；驕縱的孩子在母親離開時就會焦慮，他怕小偷，那麼不論是否真的有小偷，他都會同樣的怕，甚至在向他證明沒有小偷之後，他還是會怕；患廣場恐懼症的人不敢到街上去，因為覺得地在搖，但即使沒有病的時候，如果真的發生地震，他的行動也還是一樣……這些人都會按照信念行動，信念者沒問題，那麼客觀上，他們的行為就是正確的。

有一位三十多歲的律師，對工作已完全失去了興趣，事業很不順利，他說是因為沒能帶給前來諮商的顧客好印象；他總覺得自己很難和人交往，尤其和女孩在一起時會非常害羞；很勉強、甚至可以說是很厭惡地結了婚，不到一年也離婚了；現在不僅「隱居」在父母家，而且生活費大部分也由父母承擔。

再舉另一個例子：有一個獨生子非常受到母親的溺愛，母親也說服孩子的父親相信，孩子有一天會成為一個令人佩服的人，這孩子也一直如此要求、期許自己。他成績優異，似乎證明他的想法的確沒錯，因為大部分被慣壞的孩子不會對任何事情說「不」。不久後他成為了學校女孩們的笑料，他因此完全不和她們來往，卻想像自己在愛情與婚姻方面能有最光輝的成就。但好像只有母親能吸引他，而母親也完全被自己支配，有相當時間，他把性方面的幻想和母親連在一起。

從上述一案例可以很明顯看出，所謂「伊底帕斯情結」（Oedipus complex）並不是一個「基本事實」，而只是母親縱容所產生的惡性、不自然的結果。這一點，在這個虛榮的男孩覺得自己被女孩出賣、沒有發展出足夠的社群感，並且不能和他人融洽相處時，即可看得很清楚。有一件事情很清楚：這個人一生始終都沒有變。總是想出人頭地，可是在對成功沒有把握時，又一定會逃避。他並不知道自己的人生理念，而我們可以用下面的方式表達：「既然勝利不屬於我，那我就撤退。」打敗他人成了他最終奮鬥的目標，從這樣一個角度出發，不得不承認他的做法是正確的、聰明的。在他的世界裡，沒有「道理」，也沒有「常識」，有的只是所謂的「自我聰明」，若他的某些想法被客觀事實否定了，他仍會採取一樣的行動。

同樣的錯誤程序，在動物的世界裡也可以看到。有一條小狗在馬路上跟隨主人訓練，當它覺得自己技巧有了進步時，某天，突然跳上了一輛開著的車子，並被拋了下來，但並沒受傷。這當然是罕有的經驗，小狗幾乎不可能對這件事有本能的反應，它以後可能在訓練方面有更多進步，但卻無法誘使它接近失事的地點，因此也很難用「條件反射」（conditioned reflex）來形容。不怕街道、不怕車輛，但是怕出事的地點，小狗做了一次人們常做的那種推論：該責備的不是自己的不小心、沒有經驗，該責備的是那個地方。

在精神官能症裡常常可以看到類似的結構，患者不僅懼怕失敗，而且害怕喪失自己，於是誤認為自己身體與心理的症狀無法解決，因而精神激動，並用以保護自己能從生活中撤退。

顯然，不是「事實」影響我們，而是對事實的解釋。在解釋這些實際事件時，我們表現的或多或少的信心，是永遠不夠的，因為終究是看解釋是否有矛盾、解釋產生的行動是否成功，而對於沒有經驗的孩子、不合群的成人這一點尤其為重要。我們生活中的小錯誤、矛盾，常常在沒有經過任何努力、或是別人的寬容下得到了調整。這也使得我們的生活型態一旦形成後，只有明顯而重大的錯誤我們才會去仔細考查，並且這個修正只有在那些不以個人優越為追求目標、願意透過合作方式解決人生問題的人身上才發生。

孩提時形成的「觀念」指導我們所有的本能、衝動，以及透過外在世界與教育獲得印象。它不能從「具有的心理學」（Besitz）的角度去了解，而必須從「應用的心理學」（Gebrauch）下手。「型」、「類似」、「差不多」、「相同」，這類字眼，常常只是因為語言的貧乏才使用（語言沒辦法用簡單的字眼表達永遠都存在的微妙差異），或者說，只是統計學上的可能性。若因為看到它們存在的證據，而定下不變的規則，那是錯誤的；它對個案的了解毫無幫助，只能幫助整個視野的拓展。舉例說，強烈自卑感的診斷，對於個別案例性質的了解，直到診斷當下之前都沒有任何幫助，也不表示教育或社會環境方面有任何缺點。

顯然，這許多「解釋」，也許真的與現實世界、社會的要求衝突。個人對人生的錯誤要求，遲早會使他和冷酷的現實交鋒：現實要求的是能與社群感一致的解決辦法。衝突的結果可以比擬成電擊，失敗者會認為他的生活風格經不起人生外在因素的考驗，但他的生活風格也不會因為電擊消失或改變，他依舊會追求個人的優越。經過震撼後，當事人的行動領域變得更加狹隘，而狹隘領域也多少受到限制；其次，當事人會除去讓他生活受到失敗威脅的任務；最後，他會從自己無法正確應付的問題前撤退。震撼也有身體上的效果，它貶低了剩餘的社群感，造成人生的各種錯誤，因為它迫使人逃避，造成精神官能症；再有就是迫使人走上反社會的歧途，而即使在這條路上，他仍舊會在剩餘的領域內採取行動，但這絕不表示他已表現出勇敢。以上各個事例都很清楚地表明：在個人世界觀裡，「解釋」基本上決定了一個人的思想、感覺、意識和行動。

二、生活風格

個體心理學透過假定人生問題，對個人要求知識，來發展人生風格的技巧。解決人生問題，需要一定程度的社群感與人生緊密結合，以及與他人合作、交流的能力。如果沒有這種能力，就會出現各種各樣的強烈自卑感，及隨之而來的後果。

尋找人生意義，是人客觀存在在這個世上時，不斷積極探索的問題，人們不會輕易拒絕任何能發現人生意義的方法。個體對人生意義的解釋不是小事，因為它是測量思想、感情、行動的終極標準；而真正的人生意義，往往是在個人因錯誤行動而遇到障礙時才表露出來。指導、教育的作用，即在於實現人生意義，縮小與個人錯誤行動之間的差距。

佛洛伊德精神分析的提出，使在迷霧中發展的心理學帶來了文藝復興。無所不能的人類命運之主，在性衝動（sexual libido）的名義下復活了，地獄的痛苦在潛意識中得到小心而全面的描述，原罪也在罪惡感中得到同樣的表現。天堂沒有被列在單子裡，但是後來創造的各種「理想」目標也支持了這一觀念。儘管如此，這仍是一個值得注意的嘗試，是往生活風格，往人生意義重新發現的方向走了一步。儘管精神分析的創始人沉迷於他的性隱喻，而沒能覺察到在人類前面盤桓的這一目標。

此外，精神分析已被驕縱兒童的世界拖累得太過，使得它總是把這一類型看作心理結構的永恆樣式，也使它看不到人演化後精神生活的較深層次。它暫時的成功，是因為太多人有著驕縱放肆的傾向，而這些人高興地接受了精神分析的觀點，認為這是可以普遍應用的規則，也因此強化了他們自己的生活風格。使用精神分析技巧的人以很大的能量、耐心，以顯示人的姿態、症候和性欲是相連的，使得人的行動像依賴在一個本質虐待狂的衝動上。個體心理學是第一個清楚地指出——驕縱兒童的憤恨是人為製造出來的。不過精神分析也有一條認識演化衝動的途徑——對衝動的暫時適應。可是這一努力並沒有成功，它以常見的悲觀樣子，把死亡意願看成是人必須要完成的目標。這不是積極的適應，而是透過依據不完整的心理第二基本定律，將人生看作是期待著一個拖延了幾十年的死亡。

個體心理學堅定地站在演化的立場，將所有人都看作在追求完美的奮鬥。對生命中物質及精神上的渴求，都不可改變地和這奮鬥相連。因此目前為止據我們所知，每一心理表達形式出現時，都是由負面情況向正面情況的運動。每一個人在生命的開始時，都為自己採納了一條運動規律，為了順應這條規律，他有相對的自由，利用他內在的能力、缺陷，以及他對周圍環境的最初印象。運動規律人人不同，有不同的節拍、旋律、方向。但每個人總是和那無法達到的完美理想相較，受到自卑感的控制，被它驅策前進。由此我們可以從永恆的觀點、或是從想像絕對正確的觀點說：每一運動規律都存在著問題。

自卑感種類繁多，但「閃避」與「遲疑不決」是它的主要形式，和自卑感同時出現相互關聯的肢體與精神現象，我們稱之為「自卑情結」；而不斷地追求優越、高人一等，可稱為「優越情結」。這種情結不顧人的社群感，總是嚮往以個人表現來遮蓋「自卑情結」。一旦了解了一個失敗案例中各種現象準備不足的理由，就應該回到他的童年早期。用這個方法，可以成功地得到一個與內部一致生活風格的真實圖像，也能在失敗的案例中，評估生活風格與社群感之間的差異程度。在這類案例中看到的人總是缺乏與他人交往的能力。因此可以說，教育家、老師、醫生、牧師的任務是要增加人的社群感，加強與人合作的勇氣。告訴他失敗的真正原因，同時讓他信服他對人生的想法是錯誤的，使他能更加堅信生命帶給人類的意義。

只有掌握關於人生問題方面的詳盡知識，了解社群感方面的細小缺乏、自卑與優越情結裡的缺失、以及所有人錯誤裡所缺乏的事物，才能完成這一任務。同樣，輔導人士也必須對那些會阻礙孩子社群感發展的童年環境，有廣泛的了解和豐富的經驗。

三、人生問題和任務

社會生活、工作和愛情三方面彼此之間有著緊密關係，因為它們的問題都需要有足夠的社群感，才能恰當地解決。

每個人的生活風格或多或少反映在他對每一方面問題的態度上，對於很遙遠的問題，或是看上去情況有利、不難解決的問題，態度就不會那麼清楚；而當個人的資源受到比較嚴酷考驗時，態度就會比較清楚。至於宗教、藝術的問題，又往往超越了一般的解決辦法，這三個方面都能看到。而這三個方面的問題的產生，是因為人只有和社會結合在一起，擁有物質、精神的食糧，分擔事物，努力工作，以及傳宗接代，才能在宇宙關係中活下去。人在身體與精神上之所以能擔負起這些任務，是因為他在演化過程中，追求身體與精神雙面的發展，不論是對錯、暫時或永久，所有的經驗、傳統、戒律都是人在克服困難中的奮鬥，但由於人類的活動都表現在由負而正的成就上，因此不論個人或群體，都有種根深蒂固的自卑感。

有些人也許會大膽地說，到目前為止，每一個人都能夠獲得那樣數量的社群感。可是人類的演化還不夠深遠，對社群感的吸收也還不夠完全，它還不能像呼吸一樣在人的身上自動地發揮作用。我們不懷疑有一天，人會達到那一階段；但在我們的時代，只有少許的理由會使我們情不自禁地想到，可能會出現的那樣的情形。

而其他所有問題的首要目的都是要解決這三個主要問題。次級問題可能和友誼、同志感情，以及對國家、民族、人類的興趣有關；解決問題的準備，一出生就出現在和母親的關係上。孩子需要有和周圍陌生人生活的經驗，而由於母愛的演化發展，母親是最適合給孩子建立這經驗的夥伴。母親在孩子人生的舞台上扮演整體的一部分，要求孩子和世界裡的其他人建立正確的關係，孩子最早的衝動是從母親那裡得到的。

被溺愛的孩子會用不同的方式，極力希望能滿足他的現狀不要變動，而如果變動真的發生了，孩子就會產生抵抗行動，較主動或被動地來達到他的目的。不論問題是向前還是退後，完全發展的程度主要取決於孩子的活動態度，雖然外在情況（外在因素）也必須考慮到。

驕縱的孩子一旦出了縱容他的圈子，往往會覺得受到威脅，就像在敵國中生存一樣。他個性的種種特色——尤其是他讓人難以想像的自我憐愛、自我仰慕——都必須和他的人生意義相配合。由此可見，所有這些結果都是後天的培養，而非與生俱來。

童年時期還有其他障礙，也像驕縱一樣妨礙著社群感的形成。在考慮這些障礙時，必須再次排除任何基本、統御、因果的原則，在這些障礙的成效中，我們看到的只是一個可以用機率加以表達的誤導衝動。這些障礙包括父母對孩子的忽視，以及身體器官的缺陷，這兩項也使得孩子對世界的看法、興趣偏離「共同生活」，而把注意力轉到自己的危險與福利上。此外，每個人所展示的品種與獨特性也不可以忽視，這是孩子在形成運動規律的過程中，近乎任意的創造力表現。

關於童年的這三個障礙表明，孩子的創造力在努力克服障礙上得到不同程度的成功。一切成功、失敗要看生活風格，以及對人生的態度，但他對這點幾乎是一無所知。雖然人能以某種程度的確定性，預言一個人遇到人生問題時，會有什麼結果。但是必須記得：任何假設在結果證實之前，都不能視為是正確的。

個體心理學憑著它的經驗和機率法則，測知人生過去的觀點，這是其他心理學方法都做不到的，而這就是它在科學基礎上一個強而有力的證據。

孩子去幼稚園的意義，是使他在家裡成為有用的一員，能在遊戲中扮演一個恰當的角色，學習如何與人相處，進而培養他與人一起工作的能力，增進孩子的社群感。也正是因為了解到這些事實，促使我在學校成立個體心理學顧問會，協助老師尋找更適當辦法，來教育學習落後的孩子。

到目前為止，原本一直生存在人生後台的孩子越來越接近人生前線了。

要解決這些問題，需要孩子對其他人產生興趣——經過發展的興趣，關鍵就在於這方面的準備工作。這時，就可以看到不合群、疑心、猜忌、幸災樂禍，各種虛榮和敏感，與人相處時的激動、怯場、欺騙、撒謊、誹謗、過度的野心，以及許多其他特色。相反，那些接受過以社會為目標教育的孩子，很容易就能獲得朋友，也很容易對人類的問題產生興趣，並願意為他人調整自己的觀點與行為；他們不會用不公平去吸引注意，以求取成功，並且一般都很友善，當然也會反對那些對社會有危險的人——因為即使對於最人性化的人來說，「鄙視」也是沒有辦法完全去除的情緒。

一個人如果覺得自己能夠不朽，也許是已盡了傳遞香火的責任、或對文化的進步有貢獻。不過還是有許多人，害怕被完全毀滅，而這表現在他們身體迅速的惡化與精神崩潰。更年期常使許多女人極端困惑，特別是那些把年輕美貌奉為至上信仰的女人，在這一時期會非常痛苦，她們常採取防衛性的敵對態度，因而被弄得心情沮喪，最後甚至可能發展為憂鬱症。

現今的文化，並沒有給予長者應得的地位，他們也有機會為自己創造這樣的地位，這是長者的權利，但我們很難獲得他們的合作意願。長者總是誇大自己的重要性，堅持自己對一切的經歷比其他人豐富，並一邊埋怨自己的各種不便，給別人帶來的只有麻煩，也給自己徒增害怕的氣氛；而真正有過一定經驗的人，在平靜與同情地反省過後，會明白人生的問題經常以接受和拒絕的形式，考驗著我們的社群感程度。

四、人生的奮鬥

當一個人為了目標奮鬥時，他將永遠都到不了一個終點，因為外在刺激不斷變化對他的影響，使他無法完全獲得滿足。在奮鬥的過程中，必然也發揮出所謂的靈魂、精神、心理、理性的能力，以及所有其他的「心理力量」。

雖然在考慮心理過程時，已經進入了超越的領域，我們在不放棄自己觀點的前提下，仍舊可以宣稱：靈魂作為生命過程的一部分，在基本的特性上必然和母體相似。尤其可以在努力完成下列任務時看到：

（一）由外在世界的要求達成有利安排；

（二）克服死亡；

（三）努力奮鬥，求取一個理想的最後形式；

（四）藉相互的影響與協助，達到優越、完美、安全的目的。克服、征服是生命的基本法則。人之所以奮鬥，為的是求自保，求身心平衡成長，求完美。

在為了生存的奮鬥過程中，可以見到對危險的了解與避免、繁殖、合作，以及每一個對上述現象有貢獻人的社會性成就。

而人的身體總是能在受傷的時候，補足它的所有重要部分，這是演化的奇蹟。血液與細胞會重生；內分泌腺也會同時採取行動，顯示有機體有力量抵抗外來的傷害，這種抵抗力乃是許多血脈廣泛混合的結果。在人的結合這一點上，社會也採取了有幫助的、成功的行動——禁止亂倫在追求生存的奮鬥中，幾乎被看作理所當然的事。

在追求完美的奮鬥中，人的心理平衡經常受到威脅，總是處在一種不安的狀態。只有當他在向上的過程中，感覺到達了一個滿意的階段，他才會有安靜、價值與快樂的感覺；但下一刻，目標又迫使他繼續向前。由此可以看出，每個人必定會有那種對自己不斷施壓、要求克服自己的自卑感。

成功之徑，各不相同，一個人體驗的自卑感越強，克服的衝動則越有力，不安的情緒也會隨之強烈；但情緒的攻擊，也對身體的平衡有一定影響。身體透過自律神經系統、迷走神經、內分泌系統，給自己帶來血液循環、分泌、肌肉緊張，甚至器官的影響。這些變化作為暫時的現象是自然的，但若持續下去，就會成為功能性的器官精神官能症。此病與精神官能症相似，都是源於人的生活風格。在因自卑而失敗的實例中，我們可以看到他的生活風格往往顯示出逃避問題的趨向，以延續身體、心理的震撼症侯的辦法，來使自己繼續逃避。心理過程對心靈產生作用的同時，也以這樣的方式對身體產生作用。

第二篇　生活與自卑

生活既是五味俱全的，自然也會遇到困難，困難的情境還非常多。當人們發現自己處於困難中，我們可以研究它，找出不同困難的特殊性，並在生活中戰勝困難。這是為了獲得更好的生活，是戰勝自卑心理的一種表現。

生活中，有自卑心理的人我們不能說他們懦弱，自卑的表現方式有很多，如：當三個小孩站在獅子籠前時，一個孩子躲在他母親的背後全身發抖地說道：「我要回家」；第二個孩子站在原地，臉色蒼白地用顫抖的聲音說道：「我一點都不怕」；第三個目不轉睛地盯著獅子，並問他的媽媽：「我能不能向牠吐口水？」

這三個孩子都已感到自己身處劣勢，但都依著各自不同的生活模式，本能地表現自己當下的感覺。

第一章　生活方式

每個人都具有自己的生活方式。事實上，只要一個人處於一個有利的情境之下，我們便不能夠清楚地看到他的生活方式。而在一個新的情境之下，特別當他面對著困難時，他的生活方式就顯示得清清楚楚，從而為我們每一個人所知。

一、生活方式

一棵長在峽谷裡的松樹，和一棵長在高峰上的松樹是不一樣的。儘管都是松樹，卻有兩種生活方式，松樹的生活方式是表達它自己，並在一個環境中塑造出自己的個性——其實人類的情形也是如此。若一個人處於有利於他的情境之下，我們無法清楚看到他的生活方式；但在一個新的情境之下，尤其是當他面對困難時，他的生活方式就顯示得清清楚楚。

在「將來」和「過去」之間，多數人還是對「將來」比較感興趣。為了了解一個人的將來，我們必須先掌握他的生活方式，但即使我們了解了本能、刺激、欲望等，我們也無法預知什麼會發生。一些心理學家確實試圖藉著注意某些本能、印象或創傷得到的結論，但是都找不到較精確的測驗結果，因為所有元素都只是預示著一種持續的生活方式。由此可見，刺激只是解放或固定了的一種生活方式而已。

我們可以看到，羸弱的人面對困難會感到不安、痛楚，或有自卑情結，但若他們無法忍受長期待在這種狀態，自卑感就會刺激他們採取行動，促使一個人產生目標。現今個體心理學稱這種朝向目標的持續行動為「生命的計畫」，但由於這個名稱易引起誤會，所以現在特稱「生活方式」。而因為每個人都具有自己的生活方式，有時光看對方與別人說話、回答問題，就能夠知道他的將來，就像觀看一齣戲劇的最後一幕，一切神祕性都解決了。我們能從大量的實踐和知識中，看到一個總是尋求支持、被縱容的小孩子，將來會是什麼樣子。

當一個人總是尋求別人支持時，他會遲疑不決、止步不前，或逃避解決生活中的問題。而因為已看過數千次類似的案例，我們知道他不願單獨進行，而希望被縱容。他只希望遠離生活的大問題，總是做些沒有用的事，也不願去爭取有用的事物，並缺乏對社會的興趣。最後，他發展成為一個問題小孩、一個精神官能症者、一個罪犯或自殺者——這是最後的逃避。這種類似的事情，我們如今已能清楚的預見。而若我們要尋找一個人的生活方式，即可以利用正常的生活方式作為測量基礎。

二、生活類型

就像世上沒有完全相同的兩片葉子一樣，要找到兩個絕對相同的人實乃天方夜譚，但如果我們能闡述類型，並研究其特殊性，就能對生活方式評定得更加準確。

但是在討論之前，應該先提出這樣的研究並不算「類型」，因為每一個人都有個別的生活方式。然而這樣做的時候，我們並從頭到尾使用同樣的分類法。就像有人喜歡分門別類，可一旦他們把某個人放入鴿子屋裡時，那他也就被歸類為鴿子了。

舉出一個使論點更為清楚的例子：我們往往認為一個無法適應社會的人，必定是過著荒漠生活、毫無任何社群感可言的異類。這是區分人的其中一種方法，但若是一個很注重視覺的人，雖然他的興趣很有限，但他與集中興趣在口欲滿足的人完全不同，但是這兩種人都可能無法適應社會，並且很難與夥伴們建立關係。如果我們沒有認識到類型，只是方便的分門別類，就很可能混淆了來源。

「正常人」是我們衡量各種人物的標準。正常人非常能夠適應社會，而不論他歡喜與否，社會都能從他的工作中獲得某些利益。同時，從心理學角度看，當遇到問題和困難時，他都能有足夠的勇氣和能力去應付；患心理疾病的人則缺少這些特質，他們沒有辦法適應社會，心理上也沒法調適每日的工作與生活。

一些不同派別的心理學提出不同的假定，他們相信一個人忘記的事物才是最重要的，但事實上這兩種概念並沒有太大的區別。一個人或許可以告訴我們他的意識回憶，但他卻不知道其中的意義、與他行動的關聯。因此，不管我們如何強調隱藏、忘記的意識記憶重要性，結果總是相同的。

但早期回憶的描述卻是很具有啟發性：一個人可能會告訴你他很小的時候，他的母親會帶他的弟弟去市場，而由此我們就能發現他的生活方式——

弟弟會對他產生影響。再進一步引導，會發現這個情景，與他說的另一個開始下雨的情景相似：媽媽原本牽著他的手，但是當媽媽看到較年幼的兒子時，就放下他的手而去牽他弟弟的手。我們已可以描述出他的生活方式——他總是預期別人會比他得寵。所以我們可以了解到，何以他在眾人面前不太說話，因為他總是在搜尋比他受歡迎的人物。友誼的情形也是一樣的，總是認為朋友更重視別人的人，會無法相信任何人，無法獲得一個真正的朋友。

我們可以看到他的不自信阻礙了社群感的發展：他記得母親抱著他的弟弟，感覺到這個小孩比他獲得母親更多的關照，他感覺弟弟更加受到寵愛，並會不斷尋求肯定這個概念的證據。他完全肯定自己的想法，致使他的神情總是處於緊張的狀態。

這種整日生活在不安之中的人，唯一能解救他們的辦法就是完全孤立，從此不必與他人競爭。事實上，這種小孩子時常會有這樣的幻想，全世界都崩潰了，他是唯一留下來的人，因此沒有人會比他受歡迎。我們看到他開闢所有的可能性，來解救他自己，但是他無法朝著邏輯、一般常識或真理的路線發展——而只朝懷疑的路線邁去。他活在一個有限制的世界裡，有逃避的概念，完全與別人沒有連繫，並且對別人也毫無興趣。但因為他不是十分正常，所以我們也不能責怪他。

三、校正生活

所謂「校正生活」，即幫助自卑者、憂鬱沮喪者等，找回一個正常人類應該有的社群感。這些人最大的困難是他們過度地約束自己，因而，除非我們滲入他們的人格，破除他們的偏見，否則很難改變他們的概念。現在，我們的工作就是給予他們一個正常人該有的社群感。要完成這個工作，需要使用某種意識和機智。如果忠告者和病人之間有緊密的關係或濃厚的興趣，那是最好不過的；而如果忠告者是對個案，而並非對病人感興趣，病人注意到後就會變得更加不安。

其實最重要的是要減少病人的自卑感，使其充滿自信。但自卑感無法完全被根除，而事實上它也有積極的一面——自卑感可以作為建構某些事物的基礎。而既然已經看到他的目標是逃避，因為某個人比他更受歡迎，我們所應該做的是改變目標，也就是解決這個概念癥結。我們必須向他證明他過度低估了自己，並向他解釋他有過度緊張的傾向，像站在一個巨大的深淵前面，或者像住在一個被危險包圍著的敵國。我們可以向他提示，他害怕別人受歡迎的這種自卑感，會給他在工作中帶來不利。

在宴會中如果這樣的人做為一個主人，能使他的朋友們怡然愉悅，並注意他們的興趣，那他就會有很大的進步了。但是在一般的生活中，我們看見他無法使自己愉悅，他會說：「愚蠢的人們——他們不能使我愉悅，也不能使我感到有興趣。」這種人的缺點就在於不了解情況、固執，和缺少一般正常人的常識。他彷彿面對著敵人，過著孤狼一般的生活，而這種生活是一個不正常的悲劇。

現在我們來探討憂鬱沮喪的人。憂鬱沮喪是一種非常普遍的不適，但是它可以治療。這種人在早期生活中非常出色，事實上，我們注意到很多小孩在接近一個新情境時，總會顯得憂鬱沮喪。我們所談到的這些人會有多次這種情形，並總是在處於新環境時發生；但只要他處在舊位置上，他幾乎是正常的，但他卻不願出門與別人在一起，並且會想要統御別人。最終，他不僅沒朋友，而且五十歲了，婚姻還是一片空白。

幾乎每個得了憂鬱沮喪的病症的人都高呼同樣的話：「我整個生命都毀滅了。我失去了一切。」這種人雖然一開始總是被寵愛縱容，可不久就會失寵。

面對同一個情境，一隻野兔、一隻狐狸或是一隻老虎，反應都會不同，人類也一樣。我們前面曾做過一個實驗：帶三種不同類型的孩子到獅子籠前面去，可知：同一情境下，不同的人會有不同的反應。

第二章　早期的回憶

早期回憶是了解一個人生活方式的最重要途徑，回溯孩童時期的回憶，便能夠揭開原型的面紗。

一、早期回憶

一個人的生活方式不易改變。四、五歲時，是生活方式的形成期，而我們總會找到當時回憶與目前行動的關聯。多番觀察後，我們可以肯定：病人原型的真正部分，總能在他的早期回憶中找到。

在聽過一個人抱怨之後，再問他一些早期回憶，然後與他提供給我們的其他事實相較，很容易就能找出他的生活方式。

同一個人有著同一種人格、同一種組合，這在很長的時間下也不會改變。如我們已經證實的，生活方式，是透過爭取優越感為目標而建立，因此我們必須期望每一個行動和感覺，都是整個「行動路線」(action line) 的有機部分。現在的某些點上，「行動路線」表達得更清楚，而早期回憶的表現尤其突出。

舊回憶和新回憶我們不必區分太清楚，因為在新的記憶中，也包含著行動路線，並且在一開始的時候，更容易找出行動路線，也更具啟發性。如此一來若我們發現了主題，也能夠了解到一個人的生活方式不易改變。

一個病人在回憶過去時，必定是對回憶中的事物具有情感上的興趣，如此方能讓我們對他的人格有進一步的了解。不能否認，被遺忘的經歷對生活方式和原型也很重要，但要病人喚醒已遺忘的經歷，或說潛意識回憶，往往是更加困難的。意識與潛意識回憶都是完整原型的一部分，皆以優越感為共同目標。雖然能喚醒意識和潛意識回憶是是很好的發展，但連病患自己常常都無法理解的回憶內容，更何況詮釋它們的是外人。

當我們問有些人他們的早期回憶時，他們會回答：「我什麼都不記得。」而我們會請求這種人集中精神，努力回憶。這種遲疑不決的反應，可能會被視為他們不願回溯他們的孩童時期，也很可能被下結論說：他們的孩童時期不是很愉快。故我們得試著引導他，再給他們一些暗示，希望他能找出自我。

有些人說他們可以記得一歲時的事情，但事實上這是不可能的，那必定不是真實的回憶，而是由幻想塑造出來的；有的人也不能肯定回憶的真實性，只記得是父母告訴他們的。但究竟是幻想還是真實其實都無關緊要，因為它們都是人格的一部分，記憶已經在他們心中固定，這也使我們能更了解他們的興趣。

二、回憶的方式

根據早期回憶，我們可以預知病人的後期生活如何；然而早期回憶並非原因，而是暗示了事物的發展，它們會指出必須克服的困擾、朝向目標的活動，顯示出一個人生活中感興趣的方面。

如上所述，為了某些目的，我們可以把人分門別類；而此時回憶會根據類別，顯示出一些特殊的暗示。

例如，有一個人記得他看過一棵異常美妙的聖誕樹，掛滿了燈泡、精美的禮物，和賞心悅目的小蛋糕。這個回憶最有趣的地方，在於他對視覺事物很感興趣。事實上，這個人在視覺方面有著困難，而經過訓練之後，他變得很喜歡「看」，並且「看」得非常專注。「看」或許不是他生活方式最重要的組成，卻是有趣的部分。這個回憶導引出，我們必須給他一個能夠讓他使用眼睛的職位。

有些小孩對視覺比較有興趣，總是想看看什麼，而不願用耳朵聽。在這種個案上，我們應該耐心的，嘗試教導他去聽。這是因為，學校裡很多小孩都只接受單一面的教導，導致他們只對一種感覺有興趣，可能只精於聽或精於看。但對不同類型的孩子，我們不能夠期待相同的結果，特別是如果這個老師只訓練喜歡某一類型的小朋友，那其他類型小孩的發展就會因此滯礙不前。

有一個二十四歲的青年，他常常會昏厥，而他能回憶，自己四歲時聽到機器轟鳴聲暈倒的畫面，可知他是一個對聽覺有興趣的人。他如何發展出昏厥的毛病並不重要，我們只要關注他從小即對聲音很敏感就夠了；他非常精於音樂，且不能忍受嘈雜、不和諧，或尖銳的聲音。

很多成人及小孩興趣的產生，是源於那些曾經使他們受苦的事物，即可能有所謂的創傷。舉例來說，他可能對性有高度的興趣，而如果我們問他早期回憶，若是聽到性相關的經驗，當不會感到驚奇。對性感興趣是很常見的現象，但如前文所說過的，興趣的產生也有不同的情形和程度。我們會發現，當一個人分享自己性相關的回憶時，生活方式就會朝這方向發展，而由於性方面的生活被過分加重了，生活就會失去平衡。

三、縱容與憎恨

讓我們看一下被縱容孩子的早期回憶，這種類型的孩子會經常提到他的母親。這很清晰顯示出：他此時必須爭取一個有利地位。

早期回憶的影響，只要一經分析便會顯露。舉例來說，有個人告訴你：

「我坐在我的房間內，而我的母親站在櫃子旁邊。」乍看之下這一點都不重要，但他提到了母親——這是他感興趣的一個表象。我們必須猜測母親代表的意義，若不清楚這點，就很難再深入研究，而也許另一個人會告訴我們：「那個人的母親曾陪伴他旅行，且經常能感受到母親對那個人的影響。」

上述例子中，我們能很清楚的看到小孩對被寵愛地位的爭取，在發展過程中，他學會估價母親給他的縱容；相反，如果一個小孩或成人主動告訴我們這類回憶，他便是處於危險之中，可能代表著另外一個人比他更受寵。我們能看到他變得緊張，並且越來越明顯，他們的心靈尖銳地集中於這個概念上。上述的事實告訴我們：這種人在後來的生活裡會善於嫉妒。

有一個孩子在高中讀書時，經常走神，無法靜下心讀書，甚至會在應該讀書的時間，去咖啡廳或拜訪朋友。他的早期回憶是很有趣的：「我記得我躺在搖籃裡，瞪著牆壁，並注意到貼在牆上的紙，有花、畫像等。」——他是個只準備「躺在搖籃裡」，而不是準備考試的人；他無法集中精神讀書，因為他總是想著其他事情。可知他是個被縱容的小孩，無法單獨工作或學習。

現在來看看憎恨的小孩。這種類型很少，代表著極端的例子，因為如果一個小孩從生命的開始就憎恨一切，他將走投無路、無法生活。普通的孩子通常會被父母或保姆在某些程度上縱容，並滿足他們的欲望；而這種憎恨的小孩，經常出現在罪犯、或被遺棄的孩子當中。這種小孩往往憂鬱沮喪，在他們的早期回憶中經常能發現憎恨的感覺。例如：有個人小時候常常被母親責罵、折磨。期間他試圖逃走，但因為碰到危險而失敗。但因為無法離開家裡，他最終只能向心理醫師求助。

從他的早期回憶裡，我們發現他一度逃跑，並遇到了強大的危險。這個印象牢記在他的回憶，以致他真正出走時，仍不斷注意著危險；他總是遲疑不決，無法前進；他是一個聰穎的小孩，但總是害怕考試無法得第一；而當他進入大學後，他也害怕自己無法與別人競爭，這些都是受他早期回憶的影響所致。

有個中年人，總是抱怨自己無法入睡。他大概四十六歲，已婚，並已為人父。他總是不斷批評別人，想要站在別人頭上——尤其是對他的家人，而他的行為使每個人都無法忍受。

當我們探究這個中年人的早期回憶時，發現他成長在一個雙親不睦的家庭裡，父母經常打鬥、彼此威脅，以至於他對父母產生了一種畏懼；直到有天，一個代課的女老師在這個被忽視的孩子身上發現了可塑性，並開始鼓勵他，這是他第一次在生活中得到善意的對待。雖然他從此奮發圖強，卻並不是真正相信自己能變得優越，故他總是工作一整天——半夜亦如此。他訓練自己半夜工作，或者根本就不睡覺，結果他錯誤的認知：整晚醒著工作是必須的。後來的情境正如我們所料，他把凌越他人的欲望施加在他人身上，渴望在他們面前成為一個征服者，他的妻兒卻因此痛苦不堪。

我們為他的個性做一個總結：他以優越感為目標，這也正是具有強烈自卑感的人會有的目標。他們的緊張源於不自信，並對自己的成功表示懷疑，而優越情結正是他對不自信的掩飾。

第三章　愛情、婚姻

要想成為一個能適應社會的成熟的人，那麼對愛情與婚姻正確的準備是必要的。伴隨著這個準備，還需要從孩童早期到成年的成熟期對性的本能——即對家庭與婚姻本能的正常滿足，我們可以在生活的第一年形成原型中，找到所有這些能力，不論是對愛情，還是對婚姻的傾向，藉此，對隨後成年時期所出現的困難，我們才可以對症下藥。

一、平等的基礎

若要圓滿解決愛情與婚姻的問題，必須以相互平等為基礎。愛情與婚姻中的問題與一般社會問題有類似的性質，它們有相似的困難和工作。如果認為愛情與婚姻中，一切事物會根據個人的欲望產生，這種看法絕對是錯誤的；相反，在愛情與婚姻裡一直都有工作要做，而這些工作的完成仰賴於對別人的興趣，並且得經常把別人放在心裡。

若有人無法適應他的家庭生活，大概是因為他還不會設身處地為別人著想。除了社會適應的一般問題外，愛情與婚姻還需要一種特別的同情心，並學會如何去認同一個人。

我們前一章所論述的孩子，都屬於只對自己有興趣、而對別人無興趣的類型。我們不可能一夜之間改變他們，他們只能緩慢的適應愛情與婚姻，正如緩慢的適應社會生活一般。

社群感的養成並非一蹴而就，而是一項緩慢的成長。唯有那些，從孩童時期就受到社群感方向的訓練，以及不斷在生活應用中奮鬥的人，才能真正擁有社群感覺，故可以不太困難的辨識一個人，是否準備好適應異性的生活。

需要記住的是，我們已經觀察了對生活有用的人：他是有勇氣的，並且對自己有興趣；他能面對生活的問題，並尋找解決方法；他有朋友，也與鄰人相處得很好。而沒有上述特質的人是不可信賴的，也不能被認為已經準備好要面對愛情與婚姻。換句話說，如果一個人已經有工作，而且在工作上也有所發展，那麼他可能已經準備好要面對婚姻問題了。由此可知：有時從一個微小、但關鍵的表象來評斷，即能看出一個人是否具有社群感。

若一個人想在結婚之後成為一個征服者，其結果是悲劇的機率很大，故以此態度來期望婚姻是錯誤而極端；婚姻需要的絕非征服，而在於能對他人感興趣，並能為人著想。

二、自卑與縱容

一個具有自卑情結的人會時常改變他的職業，拒絕面對問題，永遠完成不了什麼事。而當面對愛情問題時，他也會以同樣的方式行動：愛戀一個已婚的人、或同時愛兩個人，是為了滿足他習慣性的傾向的途徑；可能會延長訂婚期，或不斷更換追求對象，而這些讓他永遠無法達到婚姻。

一個從小被溺愛過度的人，在婚姻上會顯露出某些毛病——他們想要被伴侶所縱容。這種情形在追求或結婚的第一年可能沒有什麼危險，但到後來會引出複雜的情境。我們可以想像出當這樣的兩個被縱容的人結婚後，會發生什麼事。兩個人都想要被縱容，而沒有一個想要做縱容者。彷彿他們各自站在另一個人的面前，期待著永不可能發生的事，因而都感到對方沒有了解自己。

如我們所見，婚姻的特殊準備，包括與性吸引本能相關的社群感覺訓練。事實上，每個人從孩童時代，就已經創造出對異性的理想形象：對一個男孩子來說，母親扮演理想對象是非常有可能的，而這個男孩子就會不斷尋找相同類型的女人；但若男孩與母親之間存在著不愉快的緊張氣氛，這種情況下，他反而會尋找一個相反的類型。男孩、母親以及他未來的女人，這三者的關係竟是如此一致，我們甚至可以從眼神、體態、膚色、髮色、性情與愛好等細節中看到端倪。

如果母親在生活中是霸道的，並且壓抑這個男孩，當愛情與婚姻來臨時，他將不願勇敢地走下去，因為在這種情況下，他的異性理想會是一個羸弱的、順從型的女孩；或他如果是好鬥型的話，婚後便會和太太不斷爭鬥，並且希望能夠駕馭她。

這些在孩童時期的影響，也會在他面對愛情顯露出跡象。我們可以推測一個有自卑情結的人，他可能會因為自己的羸弱，需要他人不斷的支持來表達自己的感覺，並經常選擇與母親性格相像的人作為理想對象；也可能為了補償自卑感，在愛情上採取相反的方向，並變得傲慢自大、頑強和有攻擊性。但若他勇氣不足，便會在抉擇上受到限制，這時他會選擇一個好鬥的女孩，在和對方的嚴重打鬥中成為征服者，使他感覺更為光榮。

而如果把性關係表現為自卑感或優越感的滿足，非但愚蠢並且荒謬，但此類事卻並不少見。如果我們仔細察看，會發現很多人所追求的伴侶實在是一個犧牲者，他們不明白性關係絕不能用此表現，因為一個人若想做征服者，那另一方也會起而反抗，正常生活也因此被打亂。

對於滿足一個人的情結，我們會在抉擇伴侶上得到某些特殊啟示。情結告訴我們，為何有些人選擇衰弱、病痛或年歲很大的人，因為他們相信事情對他們來說會容易些；若選擇一個已經結過婚的人，而這表示他只想迴避所面對的問題，永遠也不願解決；有時人們會同時愛上兩個人，這也絕非鮮聞。

三、婚姻需要配合

在德國，流傳著一個古老的方法，用來測驗一對伴侶是否準備好面對婚姻。鄉間的習俗是給這對伴侶一個有兩個把手的鋸子，一人握住一邊，然後讓他們鋸樹幹，其他人則拿著鐘錶計時。鋸一棵樹成為兩個人的工作，他們必須關注另一半，並儘量與對方配合。從某種程度上而言，這的確是一個測驗適不適合結婚的好方法。

看到婚姻裡有這麼多錯誤，我們不免疑惑：「難道這些都是必須的嗎？」

我們已明白這些錯誤源於孩童時期，也知道只要發現並認識其原型特質，就可能改變其錯誤的生活方式。為此，有人會想成立一個忠告性的諮商處，由受過訓練的人組成，他們用個體心理學的方法來解決婚姻生活中的錯誤，並且會了解一個人生活中事情的關聯性，會對前來諮商的人表示同情，並求證問題的癥結所在。

孩童時代的微小錯誤，可能會在幾十年後的婚姻生活中帶來負面影響。正如有些人對事情從來都不抱持希望，那是因為他們小時候從來就沒有真正愉悅過，所以一直害怕碰到失望。這些孩子不是因為他人較受寵愛，而感覺自己在感情上被錯放；就是他們早期經歷過的困難，使他們迷信地害怕這個悲劇會重演——而在婚姻生活中，這種害怕碰到失望的思考模式，會造成嫉妒和疑心。

對女人來說最困難的事情，莫過於她們總感覺男人是不忠實的，她們只是男人玩樂的工具而已。若抱著這樣的態度，婚姻生活是不可能幸福的，因為其中一方早有先入為主的偏見，認為另一方會不忠實。

人們一直尋求對愛情與婚姻的忠告，如此看來，它應該是生活中最重要的問題；然而對個體心理學來說，生活裡面沒有什麼問題能比另一個問題更重要，即：若想生活和諧，就必須減少愛情與婚姻的問題，也毋須把這些問題看得太嚴重。

愛情與婚姻的問題之所以在人們心中分量如此之重，是因為它與其它問題的區別：在這個問題裡我們無法得到常規的指示。試回憶一下關於生活的三大的問題，首先是社會問題，它包含著我們對別人的行為的觀點，從生命的第一天開始，我們就被教導如何在眾人之間行動，在職業生涯中也有常規的訓練，並且在這些問題上，一直有權威在指示我們，也有許多書籍能做引導。

事實上，也有很多書是關於如何處理愛情與婚姻的問題。所有的文學都描寫愛情故事，但卻很少有教導如何使婚姻快樂的書籍。我們的文化是如此緊繫於文學，以致每個人的注意力都被有困難的女人和男人吸引住，人們對於婚姻的小心，甚至過分小心正源於此。讀過《聖經》的人都知道，夏娃受到了蛇的誘惑偷吃了禁果，自那時起，男人和女人總是在愛情中身陷險境。

有一個故事是這樣：一個年輕人在舞會中正與自己的未婚妻跳舞，過程中眼鏡不小心掉到了地上。他立刻彎腰撿起眼鏡，但他魯莽的動作差點推倒了未婚妻。一個朋友前來關心：「你剛剛怎麼啦？」他回答：「我不能讓她踩壞了我的眼鏡。」很明顯，這個年輕人眼中只有自己，顯示他並未準備好面對婚姻；而理所當然，這個女孩最終沒有嫁給他。

在結論統整一下前文的闡述：一個人只有適應社會，才能圓滿解決愛情與婚姻的問題。多數個案都是缺乏對社會的興趣，而唯有改變這些弊病才能消除錯誤。婚姻是兩個人的工作。但事實上，我們一直被教育去做一個人的工作，或去做十個人的工作。儘管我們對於婚姻問題的教育極度不足，但這方面的技巧還是能適當把握的，若兩個人能以相互平等的原則待人處事，並看清自己個性中的不足，如此才有機會真正的和諧相處。

第三篇　自卑與超越

人類活在「意義」和「環境」中，當我們在看待自卑與超越的問題時，若能戰勝自卑心理、超越狹隘思想，便是找到了生活意義；我們體驗到的也不是單純的生活環境，而是環境對人類的重要性。即使是環境中最單純的事物，人類的經驗往往以人類的目的來加以衡量。

在感受生活意義時，我們所感受到的也不是現實本身，而是經過解釋後的事物。因此，我們可以理所當然地說：透過自卑與超越獲得的意義並非完全正確，而是存在於正確之間的變化，其本身也充滿了錯誤與矛盾。

第一章　生活的意義

生活與其「意義」是相伴產生的，所以，人類的生活必須要有意義。而人類生活的意義不是相同的，它因人而異。每一種意義都或多或少含有錯誤的成分。在正確與錯誤之間變化著，絕對正確或絕對錯誤的生命意義是不存在的。

一、生活的意義

生活的意義是什麼？人人都能說，但未必都能答得準確。尤其是處在矛盾中的人，不是因此而使自己困擾，就是用老生常談的回答來搪塞。自人類有歷史開始，這個問題就已經存在了，而直到今天依然有很多人在思考：「我們是為什麼而活？生活的意義又是什麼？」

可以斷言，會發出這種疑問的人，一定是遭遇過失敗或挫折，因為若沒有受過阻礙，每件事都將平淡無奇，這個問題也就無暇顧及了。如果我們對所有人的話都充耳不聞，而只觀察他的行為，將會發現：每個人都有他的

「生活意義」，他的姿勢、態度、動作、表情、禮貌、野心、習慣，乃至性格特徵等，也都遵循這個「生活意義」，每個人的作風、行動都蘊藏著他對世界和自己的看法，好似在告訴人們：「我就是這個樣子，宇宙就是那種形態。」這便是他賦予生命與自己的意義。

人類生活的意義不是相同的，而每一種意義或多或少都含有錯誤的成分，故絕對正確或絕對錯誤的生命意義是不存在的。但我們卻可以將意義分出高低：有的美好，有的糟糕；有的錯得多，有的錯得少。我們還能發現，較好的意義具有哪些共同特徵，而較差的意義都缺少哪些東西。如此，我們可以得到一種科學的「生命意義」，它是真實意義的共同標準，也能使我們應付與人類有關的現實意義。

但我們必須牢記：「真實」只能以人類的目標與計畫，來反對人類自身的真實。而除此之外的真實，毫無意義。

二、生命的三種連繫

每個人的生命線都有三個重要的連繫，而人們現實中的問題也都是這些連繫造成的，這些問題不斷困擾著人類，我們只能不斷地對這些問題作出解答，並且要表現出我們對生命意義的個人概念及態度。

首先，我們要如何發展自身的身體與心靈，才能保證人類的未來得以延續？這是每個人要共同面對的問題，沒有人能逃避。而無論做什麼，我們的行為都是對人類生活情境的解答：即哪些事情是必要的、合適的、可能的、有價值的。而所有解答又都被我們的主觀意識——是「地球的主人」的事實限制。

在生物鏈中，當人類的肉體感到脆弱或居住環境不安全時，我們必須拿出毅力，為我們的身心幸福確定答案。我們不能單憑猜測，也不能心存僥倖，而必須用盡各種方法，堅定地尋找答案。雖不存在絕對的解答，但卻有近似完美的答案，並透過不斷的奮鬥，使它更加完善。

其次，在遠古時代，我們並非唯一的人種，甚至會與其他人種發生關係。為了自己的幸福及人類的福利，每個人都要和別人有所關聯。個人的脆弱性和種種限制，使人類無法單獨實現自己的目標，若只憑個人的力量來解決問題，必然無法存活，也就無法將生命延續下去。我們最大目標的就是：

在我們居住的地球上，與同類合作以延續生命。因此，對生活問題的每一種答案，都必須把這種連繫考慮在內，即必須時時顧及「我們生活於和他人的連繫中；假使我們變得孤獨，必將滅亡」的事實。

再次，我們還被另一種連繫束縛，就是兩性，愛情與婚姻就是使生命延續下去的保證，個人和團體的存亡都必須顧及這個事實，它是所有人都必須面對的問題。

上述三種連繫，構成了三個問題：我們如何在地球的天然限制之下得以生存？我們如何在同類中獲取地位，以便互相合作並分享利益？我們如何使自己不自卑，以適應「人類的延續」以及「愛情生活的和諧」？

個體心理學發現，每個人對生活的意義幾乎都可以歸納在職業、社會與性，這三個主要問題之下。舉例來說，假如有一個人，他的愛情生活很不完美，他對職業也不盡心竭力，他的朋友很少，而和同伴接觸對他而言是件痛苦的事。那麼憑他在生活中的這些限制，我們可以斷定：他必定感到「活下去」是件艱苦而危險的事，因為他擁有的機會太少，而承受的挫折太多。他的活動範圍狹窄，因為他判斷「生活的意義，是保護自己以免受到傷害。」

反過來說假如有一個人，他的愛情生活甜蜜而融洽，他的工作獲得可喜的成就，他的朋友很多，不僅交友廣闊而且成果豐碩，那麼這個人必然認為：生活是屬於創造性的歷程。他勇敢克服了生活中的各種困難，憑這一點即可斷定：他生活的意義是對同伴產生興趣，作為人類團體的一員，要對人類的幸福貢獻一己之力。

三、奉獻與愛心

人在生活中的真正價值，就是個人對社會的貢獻。環視周圍的道路、建築物、已開發的土地，以及在處理人類生活的種種經驗，樣樣都是祖先們對人類生活的貢獻。

綜上所述，我們能清楚的看到：錯誤生活意義和正確生活意義的共同標準。所有的失敗者（精神官能症患者、罪犯、酗酒者、問題少年、自殺者、墮落者、娼妓）之所以失敗，是因為他們缺乏從屬感和社群感，他們拒絕以合作來處理職業、友誼和性等問題，他們生活的意義只屬於個人意義，爭取的目標則是一種虛假的個人優越。謀殺者在手中握有一瓶毒藥時，可能體會到大權再握，但對旁人而言，擁有一瓶毒藥並不能抬高他的價值。

只屬於個人的意義是完全無用的，意義只有在與他人的交往時，才會顯現其價值。我們每個人都在努力證明自己的重要性，但如果不能領會人類的重要性，只發揮自己的主觀意識，而不理解客觀事實，必會踏上錯誤之途。

這裡說一個小宗教團體領袖的軼事。

有一天，這位領袖召集了她的教友，並告訴他們：世界末日將在下星期三來臨。教友們在她的蠱惑下，紛紛變賣家產，放棄世俗的雜念，心驚膽顫地等待災難的降臨。結果，星期三毫無異象地過去了。到了星期四，教友們聚在一起向領袖興師問罪：「瞧瞧我們的處境，是多麼的困難！我們放棄了所有的保障，並把消息告訴我們遇到的每一個人。他們譏笑我們的時候，我們還充滿信心地說：我們是從最權威處得來的消息。現在星期三已經過去了，世界為何仍然完整無恙呢？」這位女「預言家」卻說：「我的星期三並不是你們的星期三呀！」她以自己的個人的意義來逃避別人的攻擊，但這種自私的個人主義是經不起考驗的。

所謂真正生活意義的標誌是：別人能夠分享，且被別人認同的、有效的東西；能夠解決生活問題的人，必然也能為別人解決類似的問題。這類生活意義能對團體貢獻力量，但並非職業動機，這裡所說的是能成功應付生活的人。

而那些不合作分子賦予生活另一種意義，他們只會問：「我該如何逃避生活？」他們整個生命疲憊不堪，但卻沒有留下一點人生痕跡。就像我們的地球正說著：「我不需要你，你根本不配活下去。你的目標，你的奮鬥，你所探討的價值觀都沒有未來可言。滾開吧，一無是處的人！快快消逝吧！」而我們會對他說：「你是沒有用的，沒有人需要你。」

大部分人都知道，生活的意義，就是對地球培養愛心和認同感，而在各種宗教中，我們都能看到這種濟世救人的心情。世界上所有偉大的運動，都是人們想要增加社會利益的結果，宗教便是最大力量之一。但宗教也有著被心懷不軌的人利用的風險，而個體心理學則是使人們對同類的興趣大大增加，比宗教或政治運動更容易「為人類謀福利」。

我們如何賦予生活正確的意義、了解彼此間的不同，及糾正錯誤，顯得非常重要。心理學與生理學、生物學的區別在於：它能以了解「意義」對人類行為、人類未來的影響，來增進人類的幸福；而一旦了解了生活的意義，就把握了人格的鑰匙。

有人會說：人類的特徵是無法改變的。但事實上有待改變的，是那些未曾把握住解開此種困境鑰匙的人。

四、獨立性與合作性

精神科醫生如果找不到患者的病源，再治療也不會有效果；而改善病情的唯一方法，就是訓練病患進一步的合作，鼓勵他們勇敢的面對生活。合作在防止精神病傾向的發展中，是一項重要保障，因此孩子在日常的學習及遊戲中，應該鼓勵、訓練他們的合作精神，讓他們在同齡兒童之間，找出自己的行為方式。

而一切不利於合作的現象都會導致嚴重後果。只關注自己、被寵壞的孩子，很可能把對別人缺乏興趣的態度帶到學校。他對功課有興趣，只是因為他認為這樣做能換來老師的寵愛；當他接近成年時，因缺乏社會責任感，帶來的不利愈來愈明顯。他已無法以責任感和獨立性來訓練自己，也應付不了生活中的任何考驗。

我們不能責備他，只能在他嘗到苦果時幫助他改進、補救。我們不能期望一個沒有上過地理課的孩子，在這門課的考試上獲得好成績；也不能期待一個從未合作過的孩子，在面臨一個需要合作的工作時，會有良好的表現。解決生活中的任何問題，都需要有合作的精神和能力，而所有合作也必須在人類社會的架構下，以能增進人類福祉的方式執行——只有了解「奉獻」是生活意義的人，才能夠顧全大局，以較大的成功率來面對困難。

若老師、家長及心理學家們都能賦予生活某種意義，並對可能犯的錯誤瞭如指掌，在此基礎上教育孩子，對缺乏社群感的兒童來說，必是受益匪淺。他們會對自己的能力、生活的機會抱持著較為樂觀的看法；當他們遇到困難時，也就不會尋找捷徑設法逃避、推卸責任，口出怨言以博取同情；不會覺得丟臉而自暴自棄，說出：「這種生活有什麼用？我們得到了什麼？」他們將會說：「我們必須開拓新的生活，這就是我們的責任，我們也能夠應付它，我們是自己行為的主宰。」

假若每個人都能獨立自主，並以合作的方式生活，勇於面對生活中的困難與失敗，如此，人類社會將有長足的進步。

第二章　心靈與肉體

有的人說：「人類的心靈支配著肉體。」也有人說：「肉體控制著人的心靈。」唯物論哲學家與唯心論哲學家對此已有了曠日持久的爭論；但儘管雙方都提出數以千計的論據，這個論題依然懸而未決。

一、身心互動

從人類生命的第一天起，肉體和心靈就不可分割、相輔相成。心靈利用肉體中發現的所有潛能，把肉體帶入一種安全而優越的地位。在肉體的所有活動、表情和病症中，都能看到心靈目標的銘記。

個體心理學不再把肉體與心靈的問題看成相互矛盾，兩者之間的動態關係都是生活的表現，我們應把它們當作一個整體的概念來深入其間的交互作用。

動物與植物有著本質上的不同，植物只能停留在固定的地方，即使植物能想：「有人來了，他馬上就要踩到我，我將死在他腳下了。」但它仍然在劫難逃；然而所有的動物，都能預見，並且計劃自己的未來。所以人類只發展肉體是不夠的，因為人還有另一個活動的主體——心靈。

心靈如何支配肉體，並確定動作的目標?要認清這一點，我們必須知道：預見活動方向是心靈最重要的功能，沒有目標的動作，是毫無意義的。正因為如此，心靈在生活中占有主宰的地位，但做出動作的是肉體，所以肉體也影響著心靈，故心靈也只能在肉體的能力範圍內指使肉體，例如：心靈想要肉體騰空飛翔，那首先得發明一種可以克服身體限制的技術，不然注定失敗。

人類又恰恰比其他動物更善於活動，感情也更豐富。不僅活動的方式較多(可從手的複雜動作中看出)，也較能利用活動來改變環境。因此我們可以預料：人類心靈中，預見未來的能力必將高速發展，故人類會有目標的奮鬥，以改進他們在整個情境中所處的地位。

我們還可以發現，每個人在奮鬥的過程中，所有的努力都是為了達到能獲得安全感的地位，所有的表現都必須互相協調並結合成一個整體。例如，當皮膚擦破時，整個身體都忙著使自己復原為一個整體。而肉體也不是單獨地挖掘其潛能，心靈也會給予幫助。肉體上的運動訓練及一般衛生學的價值及意義都已被證實，但若沒有心靈的幫助，肉體便無法爭取到最後的目標。

人只要有活動，即有意義。他利用自己的眼、舌及臉部的肌肉，產生一種表情，一種意義，而控制這一切的，則是心靈。總之，探討各種表情中的意義，尋找、並了解其目標，進而和別人的目標相互比較，這便是心理學領域所要探討的問題。

人類在爭取安全的最後目標時，心靈會使目標變得具體化。他會時刻計算：「安全位於某一特定點，只有從某一特定方向，才能接近它。」當然，也可能有失誤，但若沒有固定的方向，便不可能有動作的發生；當他抬頭時，心中必然已有抬頭目標的存在。

心靈所選擇的方向，事實上可能是有害的，它之所以被選上，是因為心靈誤以為它是最有利的。所有心理上的錯誤，都是選擇動作方向時的錯誤。安全的目標是全體人類所共有的，但有些人誤認了安全的方向，致使他們墮落下去。

讓我們以偷竊的表現為例：偷竊就是把別人的物品，透過不正當手段據為己有，目的是使自己富有，讓自己覺得安全。首先，這種動作的出發點是感到自己貧窮或匱乏；其次則是要找出這個人是處於何種環境中，以及他在什麼情況下才覺得匱乏；最後看他是否採取正當方式來改變環境，並消除其匱乏之感，他選擇的動作方向，決定他選擇方向是否正確。

二、情緒的格調

情緒的格調與生活方式一樣，非常的穩固。例如，一個懦夫永遠是懦夫，儘管他在和柔弱的人相處時，會顯得驕傲自大，在別人的保護下，會表現得勇猛萬分；但他可能在門上加三把鎖，並用防盜鈴和惡犬保護自己，卻堅稱自己勇敢異常。無人能證實他的焦慮之感，但他的懦弱性格卻暴露無遺。

類似的證據，我們在性和愛情的領域也能找到。例如：一個人想接近他的性目標時，必然會出現性的感情。而此時，他必須捨棄妨礙性的工作和興趣，集中精力，如此才能喚起適當的感情和功能，而缺少這些感情和功能——例如陽痿、早洩、性欲倒錯和性冷感——都是不合宜的工作和興趣造成的。不正確的優越感目標和錯誤的生活方式，都是導致此種異常現象的因素，而此類病例中，常會有只希望別人關心自己、體貼自己，但自己卻對別人冷淡，缺乏社群感，並常常在勇敢進取的活動中失敗的現象。

我有這樣一個因無法擺脫罪惡感而十分痛苦的病人：他七歲時，曾向老師撒謊說作業是自己寫的，但其實是他哥哥幫他寫的。因為父親和哥哥都非常看重誠實，三年後，他向老師供認了那個謊言，但老師則一笑置之；爾後，他又哭著向父親認錯，父親卻深以他的可愛與誠實為榮，不但誇獎他，還安慰他。但這孩子仍然非常沮喪，且猛烈地責備自己。

上述事例我們可以看出，家庭的道德風氣使他比一般人更為注重誠實，因此他只能用上述方式來獲取優越感。在以後的生活中，他不僅沒有完全戒掉功課上的欺騙行為，還有了手淫的習慣，他便因各種自責而痛苦不堪。當他面臨考試時，他的罪惡感總會逐漸增強；他的負擔遠比他哥哥重，因此當他想和哥哥並駕齊驅，而又無法做到時，他強迫性的罪惡感就變得尖刻異常，整天都要祈求上帝原諒。

最後他被送到了精神療養院，他原本已被認為無藥可救了，但過一段時間後病情卻大有好轉，而離開了療養院。在離開前，院方要他答應：萬一舊病復發，必須再回來住院。此後，他改行攻讀藝術史，在一次考期將近的星期日，他跑到教堂，五體投地拜在眾人腳下，大聲哭喊：「我是人類中的大罪人！」最終他再次以誠實的良心，成功地走進了精神療養院；他在療養院又度過一段時間後，回到了家裡。有一天，他竟然赤裸裸地走進餐廳去吃午餐！（儘管他是個體格健美的人，這點無可否認。）

他的罪惡感使他比別人更誠實，他也立志在此獲取優越感，但他卻因此走上了生活中的旁門左道。他對考試和工作的逃避，給了他一種懦弱的標誌，和高漲的無所適從之感；他的各種病症都來源於，有意避開所有他覺得可能會被擊敗的活動。他在教堂中的臥拜認罪和感情衝動地進入餐廳，都是用拙劣的方法來爭取優越感。他生活的方式要求他做出這些行為，引發的感情也是完全適宜的，而這些都源於他不正確的優越感目標和錯誤的生活方式。

前面說過，在我們生命最初的四五年之間，都是在構造自己心靈的整體性，並在心靈和肉體間建立關係，利用遺傳物質和對環境的印象，持續予以修正，以配合對優越感的追求。第五年末，人格已經成形——賦予生活的意義、追求的目標、趨近目標的方式、情緒傾向等，都已經固定；而後雖然也可能改變，但在改變之前，必須先從兒童時期已固定成形的錯誤中解脫出來。而正如以前的表現和對生活的解釋相互配合一樣，新表現此時也會與新解釋相互配合。

由此可知：生活的方式與對應的情緒傾向都會對身體造成影響。假使兒童很早就固定他的生活方式，而我們本身又有足夠的經驗，我們便能預見他以後生活中的身體表現。例如，勇敢的人會把他的態度表現於體格中。他有強壯的肌肉，優美的體態；風度也可能是使肌肉健美的部分因素；甚至，勇敢的人的面部表情、骨骼構造都會異於常人。

心靈對大腦也是有影響的，病理學的案例顯示：大腦右半球若受損，便會喪失閱讀書寫能力，而它會自動訓練其它區域來恢復這些能力。有許多中風患者，其大腦某區域已無好轉的可能，但其它區域卻能補充，並承擔起整個思維系統的功能，使大腦再度恢復生機；而當我們想證實個體心理所主張教育應用上的可能性時，這個事實特別的重要。如果心靈能夠對大腦施以這樣的影響，如果大腦只不過是心靈的工具（雖然是最重要的工具，但仍然只是工具而已），那麼我們就能找出，發展或增進此種工具的方法。

但如果心靈選擇了錯誤的目標、方向，就會對大腦的成長有不利的影響。我們能發現，有許多缺乏合作能力的兒童，在以後的生活中也缺乏創造力。成人的舉止能顯示出：青少年時所建立的生活方式對他的影響、他的知覺，他賦予生活意義的結果。我們應該細心發現生活中困擾他的障礙，並在失敗中幫助他尋找原因、總結教訓。

三、身體缺陷

許多專家學者曾揭示：在心靈和肉體的表現之間，存在一種固定的關係；但卻沒有人對此種關係進行深入探討。

克雷奇默曾揭示「如何從幾何的結構，看出某個人的心靈屬於哪一種類型」。據此，我們便能把大部分的人區分成多種類型，例如：圓臉、短鼻大多屬於肥胖類。正如凱撒大帝所說：「我願四周都圍繞著肥胖的人，有圓溜溜肩膀的人，能通宵熟眠的人。」克雷奇默認為這樣的體格與某些心理特徵有關，但他卻沒有說明其中為什麼會有關聯。依據我們的經驗，具有這種體格的人似乎都不會有器官上的缺陷，他們的身體非常適合於我們的文化：他們覺得自己非常健壯，可以與別人一較高下；因為對自己的體魄很有信心，如果和別人競爭，他們不會緊張，而且會全力以赴。但他們並沒有把別人當作敵人看待，也沒有把生活當作是充滿敵意般的掙扎。心理學中有一派把他們稱為「外向者」，但卻沒有說明為什麼如此稱呼他們，而我們認為他們是外向者，則是因為他們並沒有體驗過缺陷。

神經質的人則是克雷奇默區分出的另一種相反類型：他們有些很瘦小，通常為身體瘦高，長鼻子，蛋形臉。他相信這種人保守而善於節儉，如果他們患上心理疾病，大多是精神分裂症。他們是凱撒大帝口中的另一種類型：「卡修士有枯瘦而飢餓的外形，他的計謀太多，這種人很危險，他們會因器官缺陷之苦，而變得較自私、悲觀、內向，甚至自閉。他們要求得到的幫助也許比別人多。當覺得別人對他不夠關心時，他們會變得怨恨而多疑。」不過克雷奇默也承認，我們能發現許多混合的類型，即使是肥胖型的人也可能發展出上述負面的心理特徵。不難了解，假使環境以另一種方式給予他們許多負擔，他也會變得膽小而沮喪，而如果你刻意的、有計劃的打擊，那很可能會讓任何一個正常的小孩，變成一個神經質的人。

當我們有了豐富的經驗時，就能夠從一個人的表現中看出其與人合作的程度。人們一直不知不覺地在尋找此種暗示，合作的需要總是不斷地壓迫著我們，來指導我們如何在日新月異的生活中，更穩妥地決定自己的合作方針。人類的心靈在每次歷史大變革之前，就已認識到變革的需要，從而努力奮鬥，希望達成目的，但是這種奮鬥若單靠本能來決定，極易走上歪路；同樣，人們總是不喜歡身體外貌有嚴重缺陷的人，例如身體畸形或駝背者，人們對他們雖然沒有十分了解，卻已經判斷他們不適於合作，他們的缺點就此被過分強調而變成大眾迷信的犧牲品，這是一種很大的錯誤。

現在，我們總結一下：在生命最初的四、五年中，兒童會在肉體和心靈間建立起基本的關係，他們會採用一種固定的生活方式與其情緒、行為習慣相對應，在發展過程中包括了或多或少、或深或淺的合作——而所有失敗者的共同點，都表現在合作方面的無能。

我們可以進一步完善個體心理學對合作缺陷的闡述：由於心靈是一個整體，而同樣的生活方式又會貫穿其所有表現，因此，個人的情緒、思想必定會完全與其生活格調一致；若某種情緒明顯地侵害了自己的利益，僅僅想改掉此情緒是完全沒用的，因為他是個人生活方式的正當表現，引發的感情也是完全適宜的，唯有改變其生活方式，才能將之根除。

個體心理學也為教育和治療開闢了廣闊的領域。我們必須在整個生活的軌跡、在用心靈解釋其經驗的方式、在它賦予生活的意義、在它因環境刺激而做的答覆中，找出其癥結，而不是只治療一種病症，這才是心理學真正該做的工作。至於針灸小孩以測試他跳得多高、搔他癢看他笑聲多響，這些實在不宜稱之為心理學，但此種做法在現代心理學研究中運用得非常普遍，雖然也能告訴我們和個人心理有關的零星資訊，但也只能提供特殊生活模式存在的證據而已。

生活模式是心理學最適當的觀察對象，而採用其他題材的學派，大部分都源於生理學和生物學，對那些研究刺激和反應的人、企圖找出經驗所造成效果的人、以及檢視由遺傳得來的能力，想看它們如何發展而來的人，這種說法都是正確的；然而在個體心理學中，我們考慮的是靈魂本身，是統一的心靈。個人賦予世界和自身的意義、努力的目標、對生活問題的處理方式，方是我們研究的內容，而了解心理差異的最好方式，就是檢視合作能力的高低。

第三章　自卑感與優越感

「自卑情結」是個體心理學的重大發現之一，對於有自卑情結的人來說，我們必須在他缺少勇氣時給他以鼓勵；而對於「優越感」而言，每個人都有自己的優越感目標，這決定了他賦予生活的意義。優越感目標建立在他的生活方式之中，並像他自己獨創的奇異曲調一樣隨處可見；然而從他的生活方式裡，我們並不能能夠簡捷清晰地看出他的目標。

一、自卑情結

自卑情結，指一個人在面對困難時無所適從的表現。由此我們知道：憤怒、眼淚、道歉都是自卑情結的表現。

由於每個人對自己所處位置都不滿意，並希望加以改進，所以都有或多或少的自卑感；而如果我們能一直保持勇氣，便能透過直接、實際的方法改進所處的環境，從而脫離這種感覺。沒有人能長期忍受自卑感，故人類透過思維採取某種行動，以解除自己的緊張狀態。

假如一個人已經氣餒，不再認為腳踏實地的努力能夠改進他所處的環境，他仍然無法忍受自卑感，也仍然會設法擺脫它，但他所採用的辦法無法使自己有所收穫。「凌駕於困難之上」，仍是他的目標，但他已不再想辦法克服障礙，而以一種優越感來自我陶醉、自我麻痺；但同時，他的自卑感會愈積愈多，如果造成自卑感的情境一成不變，未克服的問題依舊存在，他所採取的每一個步驟會逐漸將他導入自欺中，各種問題也會日漸沉重的壓迫他。

如果我們只看他的動作，而不設法了解，我們會以為他是漫無目的，因為他給別人的印象，並沒有要改進其環境的徵兆。我們所看到的是：儘管他也像其他人一樣，全力想使自己活得瀟脫，可是他卻放棄了改變客觀環境的希望。故他所有舉動都令人無法理解，他若覺得自己軟弱，寧願到強壯的環境中尋求庇護，而並非想使自己變得強壯以適應環境；若他對這類盤桓不去的問題覺得厭煩，他極有可能變成獨裁的暴君，以重新肯定自己在人們心中的重要性。但即使他以這種方式麻醉自己，真正的自卑感仍然原封未動，自卑感會變成精神生活中長久潛伏的暗流，而這便是「自卑情結」的由來。

由於自卑感總是造成緊張，所以爭取優越感的補償動作必然同時出現。然而，爭取優越感的動作總是朝向生活中無用的一面，真正的問題卻被遮掩起來或避而不談。如若一個人苦心孤詣地要避免失敗，而不是積極地求取成功，就會限制了自己的活動範圍，那他在遭遇困難時便會顯露出猶疑、徬徨，甚至驚慌失措與退卻。

這種態度能在對公共場合感到恐慌的人身上體現出來。他們的病症表現出一種信念：「我不能走得太遠。我必須留在熟悉的環境裡，生活中充滿了危險，我必須迴避它們。」當這種信念被付諸行動時，他們便會把自己關在房間裡，或躺在床上不肯起來。

面臨困難時的退縮，最徹底的表現就是自殺。即他在所有的生活問題面前，都已經放棄尋求解決之道，對改善自己身邊的環境完全無能為力。當我們知道自殺必定是一種責備或報復時，便能了解到自殺是一種對優越感的爭取手段。在自殺案件中，我們常會看見死者把責任歸之於某人，甚至會以一種極度抱怨的方式說：「你竟然可以用這麼殘忍的方式對待善良的我。」

精神官能症患者多多少少都會限制自己的活動範圍，以與現實問題保持距離。他為自己築起了一座窄小的城堡，關上門窗並遠隔清風、陽光和新鮮空氣，虛度一生。至於他是用怒吼、喝斥或低聲下氣來統治他的領域，則須視他的經驗而定。他會在試過的方法中，選出一種最有成效的手段；有時，他覺得某一方法不滿意時也會採用另一種方法。但無論用什麼方法，他都只是為了獲取優越感，而不是努力改善其境遇。

眼淚和抱怨這種極力破壞合作關係的武器，被我們稱為「水性力量」，而經常以此來喚起人們注意的人，與害羞、忸怩作態及有罪惡感的人類似，他們都表現出自卑情結，已默認了自己的軟弱和無能；而他們隱藏起來的，則是超越一切、好高騖遠的目標，和不惜任何代價以凌駕別人之上的決心。相反的，一個喜好誇口的孩子，即會表現出其優越情結，可是，如果我們觀察他的行為而忽略他的話語，很快便能發現他的自卑情結。

例如所謂「伊底帕斯情結」，正是精神官能症患者「窄小城堡」的一個特殊例子。

不敢正視愛的人是無法成功的。假如他把自己的活動範圍限制在家中，那麼他的性欲問題也只能設法在這範圍內解決。由於不安全感的影響，他的興趣只停留在最熟悉的極少數人那裡，他怕和別人相處時，便無法依照他習慣的方式來控制局勢。「伊底帕斯情結」的犧牲品多是被母親寵壞的孩子，他們所受過的教養使他們相信：他們的願望是天生的，根本不需憑自己的努力，從家庭以外的地方贏取溫暖和愛情。在成年後的生活裡，他們仍然將自己牽繫在母親的裙帶上。他們在愛情裡尋找的，不是平等的伴侶，而是僕人，然而能使他們最安心依賴的僕人則是他們的母親；他們所需要的，是讓母親寵慣他，並不願把興趣擴展到別人身上；他們過分依賴母親，因為唯有如此才能感到安慰。

各種精神官能症患者都表現出限制行為，局限了自己。例如在口吃者的語言中，我們能看到他猶豫的態度，他殘餘的社群感迫使他和同伴交往，但他對自己的鄙視、對這種嘗試的害怕，卻和他的社群感互相衝突，他在言辭中便會顯得猶豫不決；一些甘居人後的人，三十多歲都沒有固定職業，或一直拖延婚姻問題的人都有自卑情結。除此之外，手淫、陽痿、早洩和性欲倒錯都屬於此。

二、自卑感與人類文化的生成

人類地位提升的原因，正是源於自卑感。例如，科學的興起，源於人類感到自己的無知愚昧，以及對未來預測的需要。科學是人類在改進自己的整個情境，對宇宙更進一步的探知，並試圖更妥善地控制自然時，努力奮鬥的成果。從某種意義上來說，人類的所有文化都是以自卑感為基礎。

想像一位興趣索然的觀光客來訪問我們人類的星球，他必定會有如下的觀感：「這些人類呀，看他們各種的社會和機構，看他們為求取安全所作的各種努力（防雨的屋頂，保暖的衣服，交通便利的街道），很明顯地，他們覺得自己是地球所有居民中最弱小的一群！」

人類沒有獅子、猩猩的強壯、沒有獵豹與狐狸的矯捷，也不比許多單獨生存的動物本領大，所以在某些方面，人類的確是最弱小的一群。雖然有些動物也會以群居生活來彌補軟弱，但人類卻是群居生活系統的巔峰。人類的嬰孩非常脆弱，需要成年人的照顧保護；若人類缺少了合作，只能完全任憑環境的宰割。

因此不難明白，若一個兒童未曾學會合作，那他必然萌生出牢固的自卑情結，邁向悲觀的深淵。也能了解，即使是對非常善於合作的人，生活也會不斷向他提出新的問題。沒有哪個人所處的地位已能達到控制環境的終極目標。生命太短，而我們的軀體太軟弱；我們不停地給出我們的答案，同時新的問題又即將誕生，所以我們絕不能停止前進，而是要繼續奮鬥。

我們無法到達生命的頂峰，這是毋庸置疑的；但假如一個人或人類整體已經達到一個完全沒有任何困難的境界，這種環境下的生活必定是非常沉悶的，明日不會帶來意料之外的機會，對未來也沒有什麼可以寄望。生活的樂趣，是由變動性而產生的，若我們能對所有的事準確預測，也就不會有討論和發現，科學也毫無價值可言；環繞著我們的宇宙也只是值得述說一次的故事；曾經讓我們想像我們未曾獲致的目標，而給予我們許多愉悅的藝術和宗教，也不再有任何的意義。幸好，生活並不是這麼容易就消耗殆盡的。人類的奮鬥一直持續未斷，我們也能夠不停地發現新問題，並製造出合作和奉獻的新機會。

精神官能症患者對解決問題的方式始終停留在很低的水準，他在開始奮鬥時，就已受到阻礙，以致於他的困難相對增大了；但正常人能接受新問題，並能解出新答案，對自己的問題會循序漸進、逐漸改之。他不需要特殊照顧，更不會落後於人，增加同伴負擔，且能依照自己的社群感獨立解決問題。

三、優越感的目標

生活的意義是在生命開始的四、五年間摸索獲得的，如同盲人摸象般，憑感覺捕捉到零星的暗示之後，再作出自己的解釋。優越感的目標是在摸索和測繪中固定下來的，它是生活奮鬥中的一個動態趨向，而不是航海圖上一個靜止的點，故沒有誰能完整無缺地描述出自己優越感的目標。

一個人也許知道自己的職業目標，但這只不過是他追求的一小部分而已，而即使目標已經被具體化，抵達目標的過程也是千變萬化。例如，有一個人立志要做醫師，然而立志成為醫師，並不意味著他只希望成為科學或病理學的專家，他還要在日常中，表現出比別人更深刻、特殊的興趣；而我們發現，這原來是用來補償自卑感的一種方法。我們常聽到，有許多醫師，在兒童時期很早便接觸到了死亡，而死亡又是給予他們最深刻印象的、不安全的一面；在以後的發展方向上，他們便為自己或別人找出更安全、可靠地抵抗死亡的方法。

另一種人也許以擔任教師為他的具體目標，但是，我們也很清楚教師之間的差異是非常大的。假如一個教師的社群感很低，他以當教師作為優越感目標，可能就是想統治知識較他低下的人，他可能只有在和比他弱小或比他缺乏經驗的人相處時，才會覺得安全；而只有具有高度社會責任感的教師，才會平等對待他的學生，真正想對人類的福祉有一番貢獻。但教師之間不僅能力與興趣的差異很大，目標對他們的外在表現也有影響，當目標具體而明朗之後，他們會用各自的方法來表現他賦予生活的意義，以及爭取優越感的最終理想。一個人可能改變達成目標的方法，正如可能改變他的職業一樣。

所以我們必須找出他潛在的一致性與人格的整體。這個整體無論是用什麼方式表現，都是固定不變的。如果我們拿一個不規則三角形，以不同位置安放它，那麼每個位置都會給予我們不同三角形的印象；但若再仔細觀察，便會發現這些三角形在概念上始終一樣。個人的目標亦如此，它的內涵不會在一種表現中表露無遺，但我們都能從它的其他表現中看出它的廬山真面目。

我們絕不可能對一個人說：「如果你做了這些或那些事情，你對優越感的追求便會滿足了。」優越感的追求極具彈性，現實中，一個思維正常的人，他在努力的某一方受到阻撓時，便能另外打開一條新的門路。只有精神官能症患者才會極端地認為：「只有這一條出路，除此之外無路可走。」

我們並不打算輕易描述任何追求優越感的人，但發現他們都有一種共同因素——成為神的努力。有時，我們會看到小孩子毫無顧忌地以這種方式表現自己，他們說：「我希望變成上帝」；許多哲學家也有類似的理想，連教育家們也希望把孩子們塑造得如神一般；在古訓中也可以看到同樣的目標，例如教徒必須把自己修煉得近乎神聖。

這種變成神聖的理想，曾以較溫和的方式表現在「超人」的觀念之中。據說尼采發瘋之後，在寫給史特林堡的一封信中，曾經署名為「被釘於十字架上的人」——只有發狂瘋癲的人，才會不加掩飾地表現他們的優越感目標。他們希望自己成為世人注目的中心，成為四方膜拜的對象，能主宰超自然力量，並能預言未來。

變成神聖的目標也許會以較合乎理性的方式，表現在變成宇宙所有智慧的欲望中，或使其生命成為不朽的希望裡。而無論我們希望保存的是世俗的生命，還是我們想像能夠透過輪迴重複回到人間，或是預見自己能夠在另一個世界中永存不朽，這些都是以變成神聖的欲望為基礎的想法。在宗教的訓誨裡，只有神才能永生，歷經滄桑依然不朽。這些教條是對生活的解釋、是「意義」，而我們也不同程度的採用了此意義，成為神，或成為聖，這是一種特別強烈的優越感目標。

一旦把優越感具體化後，在生活模式中，無論是個人的習慣還是病症，只要能達到具體目標，都是正確的。無可非議，問題兒童、精神官能症患者、酗酒者、罪犯或性變態者，都採取了適當的行為，來達到他們心中所謂的優越目的；他們不會抨擊自己的病症，因為有這樣目標的存在，理所當然就有此病症的產生。

四、優越感的害處

有個男孩是班上最懶惰的學生，老師問他：「你的功課為什麼總是如此糟糕？」他的回答是：「你從不會注意好學生的，他們既不搗亂，功課又做得好，你怎會注意他們？而如果我是班上最懶的學生，你就會一直關心我。」只要他的目標是在吸引別人注意或使老師煩心，他便不會改變現狀，要他放棄懶惰便是不可能的事；而如果他改變自己的行為，他便是個笨蛋，所以他這樣做完全正確。

此外還有個在家裡非常聽話，卻顯得相當愚笨的男孩，他在學校中總是落後於人，在家中也顯得平庸無奇。他有一個大他兩歲的哥哥，生活方式與他迥然不同，既聰明又活躍，可是魯莽成性，不斷惹出麻煩。有一天，弟弟對哥哥說道：「我寧可笨一點，也不願意像你那麼粗魯！」如若我們認清他的目標是在避免麻煩，那他的「愚蠢」確實是明智之舉，由於他的愚蠢，別人對他的要求就會比一般人低，即使犯了錯，也不會被責備。這不是愚笨，而是裝傻。

從古至今，不論在治療還是教育上，都講求對症下藥；但個體心理學卻完全相反。當一個孩子的數學趕不上別人，或學校作業總是做不好時，如果我們想改進他，那是完全沒有用的，因為他也許是想使老師困擾，甚至想使自己被開除以逃避學校。假使我們在這一點上糾正他，他會另找新途徑來達成他的目標。這與成人的精神官能症恰恰是相同的，假設一個人患有偏頭痛後，這種頭痛對他非常有用，因為當他需要時，頭痛便會發作，即可免去許多社交問題；同時，頭痛還能使他對下屬、妻子以及家屬有發脾氣的理由，又怎能期望他會放棄一個這麼有用的方式呢？站在他的角度看，這乃是明智之舉。

無疑，我們可以用能夠震驚的解釋來「嚇走」他的這種病，正如創傷後壓力反應可以用電擊或假手術偶爾「嚇走」一樣。也許醫藥治療能使他獲得解脫，並使他難以沿用他選擇的特殊病症，但是，只要他的目標依舊不變，他就會繼續找出新毛病。有一種精神官能症患者能夠以驚人的速度甩掉自己的病症，他們變成了精神官能症的收藏家，並不斷地拓展他們的收藏目錄，若讓他閱讀心理治療的書籍，只是提供他許多還沒嘗試的精神官能症而已。因此，他選用某種病症的目的，和此目的與一般優越感目標之間的關聯便是我們所要探求的。

倘若有個老師在教室裡爬上一架梯子，並坐在黑板頂端，看到這一行為的人可能都會想：「這個人瘋了」，他們不明白梯子的作用，這個人為何要爬它，為何要坐在那麼奇怪的位置上。但是如果他們知道：「他想要坐在黑板頂端，因為除非他身體的位置高過其他人，否則他便會感到自卑；而只有在能俯視他的學生時，才感到安全。」他們便不會認為這個人發瘋了。

這個老師用了一種非常明智的方法來達成自己的目標，梯子看來是很合理的工具，爬梯子的動作也是按計畫而行的。他瘋狂的所在只有一點：那就是他對優越地位的理解。假如有人說服他，讓他相信他的具體目標實在選得太糟，那麼他便會改變他的行為；但假如他的目標保留不變，而他的梯子又被拿走了，那他便會改用椅子爬上去；假使椅子也被拿走，他便會跳或攀爬。每個精神官能症患者都是這個樣子，他們選用的方法都能正確地達到目標，他們真正需要改進的是目標而非方法。目標一改變，心靈的習慣和態度也會隨之改變，適合於新目標的態度也將會取代原有的習慣和態度。

再舉一例，便可很容易辨別自卑情結和優越情結：有一個十六歲的女孩，從七歲便開始偷竊，十二歲起和男孩在外面過夜。當她出生時，她的父母時常爭執，因此她的誕生並不受到母親歡迎。母親從未喜歡過自己女兒，在她們之間，一直存在著一種緊張的關係。在這個女孩兩歲時，雙親經過長期激烈的爭吵後終於離婚了。她被她的母親帶到祖母家裡撫養，她的祖母對這個孩子非常寵愛。

而當這個女孩來找我時，我用友善的態度和她談話，她告訴我：

「我不喜歡拿人家的東西，也不喜歡和男孩子到處遊蕩，我這樣做，只是要讓我媽媽知道：她管不了我！」

「你這樣做，是為了要報復嗎？」我問她。

「我想是的。」她答道。

她想要證明自己比母親強大，但她之所以有這個目標，是因為她覺得自己比母親軟弱。她覺得母親不喜歡她，而受自卑情結的困擾，她錯誤地認為能夠顯示她優越地位的唯一方式，就是到處惹是生非，而她的這些不良行為都是出於報復心理。

如何才能幫助用錯誤方法來追求優越感的人？追求優越感是每個人的共性，懂得這個道理，我們便能理解他們的所作所為，並設法幫助他們，他們所犯的唯一錯誤，是他們的努力都指向了生活中毫無用處的一面。

人類所有對價值和成功的判斷，最後總是以合作為基礎，這是人類最偉大的共同點。我們對行為、理想、目標、行動和性格特徵的要求，都是因為它們有助於合作。一個完全缺乏社群感的人並不存在，精神官能症和罪犯也明白這個公開的祕密，這一點，可以從他們拚命想替自己的生活模式找出合適的理由，以及把責任往別處推等行動中看出來；但他們已經喪失了往生活有用的那面前進的勇氣，因為自卑情結告訴他們：「在合作中獲取成功沒有你的份。」為了獲得重新肯定自己的力量，他們避開了真正的生活問題，而和虛無的陰影作戰。

對優越感的追求隱藏在每一件人類的創作之後，優越感是人類文化貢獻的源泉。人類的整個活動都沿著由下到上，由負到正，由失敗到成功這條偉大的行動線向前推進的；然而，真正能應付並主宰生活的人，是那些在奮鬥過程中，表現出利人傾向的人，他們超越前進的方式，別人也能從中受益。

第四章　人性的記憶

在所有心靈現象中，記憶最能吐露人的祕密。記憶能隨身攜帶、並使人能衡量自己的限度和思考環境的意義。記憶絕不會出自偶然，個體從他接受到的無數印象中，選出來的是他覺得對自己處境有重要性的記憶。因此一個人的記憶代表了他的「生活故事」，並反覆地用這個故事來警告或安慰自己，使自己的精力鎖定於目標上，並按照過去的行為模式來應付未來的生活。

一、早期的記憶

人類的早期回憶特別重要，我們可以從記憶所顯示生活模式的根源判斷：一個孩子是被驕縱寵慣的，還是被拋棄遺忘的。他能與別人合作到何種程度，他願意和什麼人合作，他曾經面臨過什麼問題，以及他如何應付它們。在患有視力困難，而曾經訓練自己要看得更真切的兒童早期記憶中，我們能看到許多和視覺有關的現象，他一開始就回憶：「我環顧四周……」他也可能描述各種顏色和形狀；行動困難，希望自己能跑能跳的兒童，也會把這些興趣表露在他的回憶中。

兒童時代便牢記在心的東西，必定和個人的主要興趣非常相近，要想知道一個人的目標和生活模式，便要知道他的主要興趣。這個事實使早期記憶在職業性的輔導中，具有重大的價值。此外在其中還能看出，兒童和父母、家庭中其他成員之間的關係，至於記憶的正確與否，倒是沒有什麼關係。在記憶中，人們往往認為：「在兒童時代，我就已經是這樣了」或「在兒童時代，我已發現世界就是如此」。這些個人判斷都來自於記憶，同時，這也是記憶最大的價值及意義所在。

一個人述說故事的方式在各種記憶中最富有啟發性，他能記起的最早事件，往往代表了他基本人生觀的雛形，讓我們一見之下便能明白：他的發展起始點是什麼。故我們在探討人格時，必定會剖析最初的記憶。有時候人們會回答不出，或宣稱他們記不清哪件事情先發生，但是這種表現本身就很富於啟發性。我們可以推測，他們是不願意討論他們的基本意義，或是不想合作。一般而言，人們都很喜歡談自己最初的記憶，他們把它當作是單純的事實，而不會想到隱藏著的意義，但很少有人了解，最早的記憶會坦然透露出他們的生活目的、與別人的關係，以及對環境的看法；而在最初的記憶中，很有趣的一點是它的濃縮和簡要，能使我們作大量的探討。我們可以要求一般學生寫下他們最早的回憶，而若我們知道如何解釋那些記憶，那對我們而言，便有了一份關於兒童很有價值的資料。

為了讓問題更加明確，我們舉幾個最早記憶的例子並加以探究、解釋，以提升我們的推測能力。我們必須能辨別事情的真假，並能拿兩種不同的記憶相互比較，並應能看出：一個人是趨向合作，還是破壞合作；是勇氣十足，還是自卑沮喪；是準備施予，還是只想收受；是希望受人支持、被人照顧，還是充滿自信、獨立自主……凡此種種，都和個人的早期記憶有關。

二、敵意的記憶和對死亡的恐懼

環境中的某一人出現在病人最早期的記憶中，必須加以重視。例如「因為我妹妹……」這類的早期記憶，我們能由此斷定，這個人曾深刻地受到妹妹的影響，並給他的身心發展投下了一層揮之不去的陰影。

通常這兩者間會發現一種敵對狀態，就像他們是在比賽中互相競爭一樣。也不難了解，這種敵對狀態會使其發展增加許多困難；當一個兒童心中充滿對別人的敵意時，他絕不會想以友誼關係和別人合作，對別人產生興趣。但此時下結論也可能為時過早，因為兩人也許是好朋友。

「因為妹妹是家庭中年紀最小的，所以在她長大了我才可以去上學，以前，我是不可以上學的。」現在敵對狀態明朗化了：妹妹妨礙了我。她年紀比我小，而我不得不等待她。她限制了我的機會！如果這是這個記憶的真正意義，我們能夠想像到，這個男孩或女孩會覺得：「我生活中最大的危險，就是某個人限制了我，並妨礙了我的自由發展。」

這個人極有可能是個女孩，因為一般男孩似乎很少會受此限制。「結果我們在同一天開始了。」站在她的角度看，這種教育對女孩來說是很不合適的，它可能給她一個印象：因為她年紀較大，所以她必須等待他人之後。在任何情況下，我們都能感到這個女孩運用著這種解釋，她覺得自己因為要顧全妹妹的利益而被忽視。她會把這種忽視歸罪於某一個人，這個人很可能是她的母親，而假若她因此而更依戀她的父親，想使自己成為他的寵兒，也在情理之中，大可不必驚訝。

「媽媽曾告訴我們每一個人說：當我們第一天上學時，她感到非常寂寞。她說：『那天下午，我跑到大門口好幾次，盼望女兒們，我總害怕她們不會回來了。』」這個描述顯示她母親的行為是非常不理智的，這是這個女孩對她母親的看法。「怕我們不會回來」——很明顯，這母親是很慈愛的，她的女兒們也都知道她的慈愛，但她同時也是緊張和焦慮的。如果我們能和這個女孩談談，她可能會說出更多她母親偏愛妹妹的事情。

從她描述的早期記憶看來，我們可以作結論：姐姐因為妹妹妨礙了她，所以把妹妹當成敵對的對象。在她以後的生活中，我們可能會看到嫉妒和害怕競爭的訊息，而假使她不喜歡比她年輕的婦女，也不是什麼奇怪的事。有些人終其一生總覺得自己很老，許多善妒婦女，總是自慚形穢於年輕的同性。

有個女孩認為生活中最大的不幸、最大的不安全、最大的危險就是死亡。她說：「我最早的記憶是祖父的葬禮，那時我三歲。」由此，死亡的陰影一直籠罩著她。她從兒童時期發生在她身上的各種事件中得出一個結論：「祖父會死。」我們還可能發現：她是祖父的寵兒，一直受到他的疼愛。祖父母幾乎都是很疼愛孫兒們的，他們比起父母親沒有那麼多教養之責，並且經常希望孩子們能依附他們，以表示他們仍然能夠獲得溫情。在此，我們不難相信當這個女孩幼小的時候，她的祖父非常疼愛她，祖父的寵愛給她留下了深刻的記憶。當他死時，她的精神受到了嚴重的打擊：一個親人兼益友因此而喪失了。

「他躺在棺材裡，臉色蒼白，全身僵硬，至今令我記憶猶新。」讓一個三歲小孩看屍體絕非明智之舉，至少也該讓她有心理準備才行。

孩子們經常告訴我：他們對看到死人的印象非常深刻，永遠無法忘懷。這個女孩也沒有忘掉。這樣的小孩會設法消除對死亡的恐懼，長大當醫師便成為他們的志向。他們會認為醫師所受的訓練，比其他人更能對抗死亡。反過來說，醫師的最初記憶常包含有關於死亡的記憶。

「躺在棺材裡，臉色蒼白，全身僵硬」——這是對可見之物的記憶。這個女孩也許屬於視覺型，對觀感世界興趣很高。「然後到了墳墓，當棺材放進墓穴後，我看到那些繩子從粗糙的盒子下拉出來……」由此，我們便可確定她屬於視覺型的猜測。這件事留給她很深的恐懼，以後每當提到朋友或熟人到另一個世界去了，她都會嚇得渾身發抖。

我們再次注意到死亡留給她的深刻印象。如果我有和她談話的機會，我會問：「以後你想從事什麼職業？」她可能回答：「醫師。」假如她回答不出或避開這個問題，那麼我會給她暗示：「你不想當醫師或當護士嗎？」她如果說：「到另一個世界去。」即是對死亡恐懼的一種補償作用。

從女孩的整個記憶中，我們得知她的祖父對她非常好，她是屬於視覺型的，而死亡在她的心靈中扮演了重要的角色。她從生活中獲得的意義是：「我們都會死。」這雖是事實，但並不是每個人的興趣都在於此，除此之外諸如，愛情、友情、成功等許多事情，同樣能夠吸引我們的注意。

三、根深蒂固的記憶

有一些往事會在記憶中根深蒂固，以致於影響到人的興趣。經過分析我們可以發現，一個人通常會從他的經驗（早期記憶）中挑選出某些東西，來解釋他討厭某種事物的理由。

【事例一】

「我姐姐牽著她的馬，得意洋洋地在街上走著。」這是她姐姐的勝利姿勢。

「我用力揮著韁繩，可總也趕不上前面那匹馬。」

「我跌倒了，馬拖著我在地上跑……」

女孩興高采烈的遊玩心情被姐姐擾亂，最終姐姐出盡風頭贏得勝利，自己卻落得悽慘不堪的收場。

我們可以斷定這個女孩的意思是：「只要我一不小心，姐姐總是占上風；而我會被打敗，趴倒在地。」女孩認為只有領先才會安全，我們也能明白，她姐姐已贏取了母親的喜愛，所以女孩轉向了父親；多年之後，儘管女孩的騎術已超過了姐姐，可絲毫彌補不了那次失敗的遺憾。現在我們可以清楚，這對姐妹之間有一種競爭存在，因為妹妹覺得：「我一直落在後面，必須設法趕上，必須超過其他人。」

我曾經說過，次子或年紀較小的孩子，經常有一個競爭的對手，而他們又一直想要擊敗他們的對手。這個女孩正是屬於這種類型，而她的記憶更加強了她競爭的態度。

【事例二】

「姐姐經常把我抱到宴會和各種社交場合，這是我最早的記憶。」

女孩只記得她是社會的一部分，而我們在這份記憶中發現：她的合作程度比別人來得高。大她十八歲的姐姐，是家裡最寵愛她的人；但姊姊卻好像曾經用很聰明的方式，使這孩子的興趣擴展到別人身上。

「在我出生以前，姐姐是家中五個孩子中唯一的女孩，她當然喜歡拿我到處炫耀。」

這看來並不如我們想像的那麼好，當一個孩子被拿來炫耀時，她所感興趣的可能會變成「受人欣賞」，而不是奉獻自己所能。

「因此，在我還相當小的時候，她便帶著我到處跑。對於那些宴會，我記得的唯一事情是：姐姐總是喜歡強迫我說話，例如，『跟這位小姐說說你的名字』等。」

這種教育方法是錯誤的，假使這女孩後來口吃、或語言困難，這也是情理中的事。孩子會口吃通常是因為別人過分關注她的話語，她不但過分關心自己、設法使人了解自己，但又無法承受壓力，以致無法自然地和別人交談。

「每當我說不出話時，回家總會挨一頓罵，至今我都記憶猶新，因此我開始討厭出門和別人交往。」

我們最先的解釋必須完全修正了。現在，我們可以看出她最早記憶後面的意義是：「我被帶去和別人接觸，但是我發現那是很不愉快的。由於這些經歷，在此之後我便討厭這一類的合作。」因此，即使到現在，她仍然不喜歡與人交往，她對這些事情會不自在，過分注意、炫耀自己，這種要求對她來說過分沉重。

「在我四歲時，曾祖母來看我們，當時，我們要拍張四代同堂的照片。」

這個女孩對她的門第非常感興趣，由於她這麼清楚地記得她曾祖母的來訪和合拍照片。我們推測：她的家庭依戀感非常深刻。若果真如此，那她的合作能力就很難擴展到家庭之外。

「我很清楚地記得，我們開車抵達另一個鎮上的一家照相館，然後我換了一件白色的繡花衣服。」

也許這個女孩也是屬於視覺型的。

「在我們拍四代同堂的照片以前，我和弟弟先合照了一張。」

我們又看到她對家庭的興趣所在了。她的弟弟是家庭中的一部分，我們很可能聽到她和他之間更多的關係。

「他坐在我身旁一把椅子的扶手上，手裡握著一個亮亮的紅球。」

她又再次記起見到的東西。

「我站在椅子旁邊，手裡什麼東西都沒有。」

現在我們看到這個女孩的主要努力目標了。她告訴自己：她的弟弟比她受人寵愛。我們可以推測，她弟弟的出生，取代了她最小最受寵愛的特殊地位。她可能會因此抱怨：「他們想要使我笑，但有什麼值得我笑的？他們把弟弟放在寶座上，還給他一個亮亮的紅球。可我有什麼？」她對家庭的不滿終於表露了出來。

「在這張四代同堂的照片上，除我之外，每個人都想照出自己最好看的樣子，我卻一點笑容都沒有。」

她以此來表示對家庭的抗議，因為她的家庭待她不夠好，在這段記憶中，她並不忘告訴我們，她的家庭是如何待她的。我們可以看到她的抱怨與遷怒。

「當要我們笑的時候，我的弟弟笑得好甜，他好聰明。從此以後，我便一直討厭再拍照片。」

她的回憶讓我們領悟到多數人應付生活的方式：我們得到一種印象後，總是喜歡用它來解釋永久真實。很顯然的，她在拍那張照片時感覺非常不愉快，以後便討厭再拍照片。一個人通常會從他的經驗中挑選某些東西，來解釋他討厭某種事物的理由。這個記憶告訴我們：①這個女孩屬於視覺型②她對家庭的依附性很強，因為她的記憶全都圍繞著家庭生活。故她成人後極有可能不適於社會生活。

四、終身難忘的記憶

記憶絕不會和生活模式背道而馳，例如患憂鬱症的人，常感到自己的人生是不幸的，因為他只選擇不幸的事件來回憶，若他能想想成功與快樂的時光，便不會如此。而在一個人的心境中，有些記憶是會終身難忘的。

曾有一個三十五歲的男人，患有社交恐懼症，他只要離開家就會覺得焦慮。他曾幾度勉強找到工作，但只要一進辦公室，就呻吟不停，直到晚上回家和母親坐在一起時才停止。當問及他最早的記憶時，他說：「我記得四歲時在我家靠近窗子邊，看到街上有許多人在工作，並覺得很有趣。」

從他的早期記憶可知，原來他只想看別人工作，並一直以為生活的唯一方法就是受別人資助，假如要改變他的情況，就必須改變他不能和別人一起工作的想法，甚至會改變他的整個人生觀；責備他是毫無用處的，也無法用醫藥或切除分泌腺來使他悔悟。

他的最初記憶使我們能較容易建議他感興趣的工作，同時發現他患有高度近視。由於這個缺陷，他要非常集中精力才能看清東西，而當他開始困惑於工作問題時，他總是繼續在「看」，而不是在「工作」，但這兩件事情並不是互相對立的；而當他痊癒後，他開了一間書店，在我們的社會分工中奉獻自己的力量。

一個患嚴重失語症的三十二歲男人，除了囁嚅作聲之外，完全說不出話來。一天他踩到了香蕉皮，不幸撞到了計程車玻璃，隨即嘔吐了兩天。他造成了輕微腦震盪，但這並不影響他說話，因為他的喉嚨完好無損，但他完全說不出話達八天之久。他後來上訴這起意外事件，並把責任歸咎於計程車司機，要求汽車公司賠償。我們不難了解：假如他喪失了某種能力，他在訴訟中所占的地位將有利得多；也許意外事件給他的震驚，讓他真正發現了自己說話的困難，而事實上，他也沒必要大聲說話。

這個病人曾找過一位喉科專家，但卻毫無結果。我們要求他說出最早記憶時，他說：

「我躺在搖籃裡，來回晃蕩。我彷彿看到掛鉤脫掉了，搖籃掉下來，我也受了重傷。」

沒有人會喜歡跌跤，這個人卻過分強調摔跌，可見他主要的注意力都集中在跌跤的危險上。

「當我摔下來時，門打開了，媽媽慌張地跑進來。」

他用跌跤吸引母親的注意力，同時，這個記憶也是一種抱怨和譴責。

「母親沒有照顧好我。」

同樣的，計程車司機和汽車公司也都犯了類似錯誤，他們都對他照顧不周。總想讓別人承擔責任，是這類被寵壞的孩子的生活模式。

「五歲時，我從二十英呎的樓梯上摔下來，有五分多鐘說不出話來。」

他對喪失語言的能力非常敏感，摔跤成為他拒絕說話的原因，現在只要一摔跤，他便自然說不出話來。如果要治癒他，就必須要讓他知道他犯了錯誤：跌跤和喪失語言能力之間是沒有關聯的。同時，要讓他看出在一次意外之後，他並不需要繼續囁嚅作聲達兩年之久；然而在這個記憶中，還顯現出他為什麼難以了解這些事情的原因。

「我媽媽又衝了出去，」他繼續說道：「看起來非常激動的樣子。」

在兩次意外事件中，他的跌跤都嚇壞了他的母親，並吸引了對自己的注意。可知他是個想要被寵愛、想要成為別人焦點的孩子；他要別人為自己的不幸付出代價，而其他被寵壞的孩子若發生同樣意外，也會如此，但他們應該不會拿語言失常作為工具。這是病人獨有的表現，是他從經驗中建立起來、生活模式的一部分。

一個二十六歲的男青年，總抱怨找不到滿意的工作。八年前，父親安排他做經紀人，然而他一直不喜歡，最終選擇了辭職。他想去別處再找份工作，卻一直沒有成功；他抱怨不已，難以入眠，經常有自殺的念頭。中間他曾經在另一個城鎮找到工作，但不久聽到母親病重的消息，結果又回鄉和家人一起生活。

在他的生活中，母親對他溺愛異常，而父親卻對他濫施權威，他的生活就是對父親威嚴無聲的反抗。他在家中是唯一的男孩，而且是最小的；他有兩個姐姐，最大的總是想管他，另一個也相差無幾。父親對他總是不斷地吹毛求疵，他因此深刻感受到，只有母親是他唯一的朋友，除此之外，整個家庭都在壓迫著他。

直到十四歲，他才開始上學，後來父親為了讓他能夠在農場幫忙，把他送進了農業學校。這個孩子在學校裡表現得相當優秀，可是卻下定決心不當農民。因此父親才安排他做經紀人，奇怪的是他竟然在這工作上熬了八年之久；而原來他這樣做，完全是為了母親的緣故。

童年的他，懶散而膽小，是個怕黑、怕孤單的小孩，但總有一個人經常注意他、安慰他，而這個人就是他的母親。他不認為與人交往是件簡單的事，但是當他周旋於陌生人之間時，卻也覺得相當自在；他從未談過戀愛，因為他對戀愛沒興趣，而且他也不想結婚，因為他認為父母的婚姻不是完美的。

父親依然逼迫著他，執意要他去當經紀人，但他其實很想進入廣告界，而他相信家庭是不會資助他開拓事業的。在這一點，我們能直接看出他行動的目的是在反抗父親；當他從事經紀工作時，其實已能自立，可是他卻沒有想要從事廣告工作，直到現在他才想起來，能以此作為對父親的新要求。

他最初的記憶，很明顯暴露出了一個被寵壞的孩子對嚴格父親的反抗。他記得自己在父親的餐館工作時，喜歡擦洗盤子，並把盤子從一張桌子搬到另一張桌子。他愛玩盤子的行為惹惱了他的父親，父親當著顧客的面賞了他一巴掌。從此，他整個生活變成了一場反抗父親的遊戲；他沒有工作的誠意，因為只有傷害父親，才能真正使他滿足。

他有自殺的念頭也不難解釋。每個自殺案件都是一種譴責。想要自殺時，他的意思是說：「我父親的所作所為都是罪惡的。」他對職業的不滿也都歸咎於他的父親，父親每提出一項計畫，他均表示反對，但嬌生慣養的他又無法獨立開創事業；找工作不是他的本意，他只是想遊玩，但對母親又有合作之意，所以才看起來像是想找工作一樣。

若他睡不著覺，第二天就無法替他父親做事；假使他乾脆的拒絕工作，家裡會認為他無可救藥而拒絕再資助他。為了母親和經濟狀況欠佳的家庭，他必須找個台階下，結果他找到了這種表面上無懈可擊的毛病，那便是失眠。

我給他一個勸告：「今天晚上要睡覺時，你如果一直擔心隨時都會醒過來，明天就會很疲勞。你要想：明天如果自己累得無法工作，父親會多麼的怒火沖天。」我要他面對事實。我們都能看出，他是個被寵壞的孩子，主要目的在於激怒並傷害他的父親，而無法制止這類衝突，便不會有療效。

這情形和「伊底帕斯情結」非常類似，這個青年一方面想傷害父親，又對母親非常依賴，但這與性無關。母親寵愛著他，而父親對自己卻毫無憐愛，他所受的錯誤訓練，使他對自己的地位做出錯誤的解釋。遺傳基因在此毫無作用，因為他的煩惱並不是由野蠻人的本能中繁衍出來的，而是從他的經驗中自己創造出來的。每一個孩子都可能培養出這種態度，只要他有像這個案例一樣，一個寵孩子的母親和一個兇殘的父親；若他也反抗父親，卻無法獨立解決自己的問題時，那他便極有可能採取這種生活模式。

第五章　家庭的影響

在研究成人時，總會發現：早年兒童期給他留下的印象是揮之不去的，且會烙入他的生活模式中，而發展中的困境都來源於家庭敵意和合作精神。如果環顧我們的社會生活，並問為什麼敵對和競爭是生活中最顯著的一面——事實上，不僅是我們的社會生活，整個世界都是如此。如此我們便會認識到：人類共同追求的目標，就是想要成為征服者、超越並壓垮別人。這種目標是早年訓練的結果，也是那些認為在家庭中未曾受到平等待遇的兒童們努力奮鬥、拚命競爭的結果。而唯有給予更多合作相關的訓練，才能避免這一類的錯誤。

一、母親的影響

每個嬰兒自降生起，就把自己和母親連繫在一起，這種連繫非常密切，且影響深遠。在以後的歲月裡，我們已無法辨別哪些特徵來自遺傳，因為每種可能是遺傳的基因，都經過母親的修正、訓練、教育後面目全非了——即母親的教子成功與否，直接影響到孩子所有潛能的發展。

所謂母親的技巧，指她和孩子合作的能力，及「讓孩子」和她合作的能力。這種能力無法以教條傳授，因為每天都會產生新的情境，許多都仰賴她對孩子的領悟。而只有真正對孩子有興趣、一心想要贏取孩子感情，並想維護孩子利益的母親，才能獲得這種技巧。

母親的各種活動顯示出她的態度：抱起孩子四處走動、對他喃喃細語、替他洗澡，或餵他食物時，都有使孩子和自己發生連繫的機會。若母親掌握的方式不到位，或對孩子缺乏興趣，勢必會做出粗野的舉動，引起孩子的反感。母親若學不會如何幫孩子洗澡，孩子便會對洗澡感到厭惡，不僅不和她產生親密的連繫，還會設法逃避；她安置孩子上床的方式，她的舉手投足、一顰一笑，都必須非常巧妙，照顧孩子或讓他獨處的技巧，也必須恰到好處；她必須顧及孩子所處的整個環境──新鮮的空氣、房間的溫度、營養的狀況、睡眠的時間、身體的習慣、整潔衛生等。在每個小地方，母親都供給孩子一個喜歡自己或討厭自己、願意合作或拒絕合作的機會。

所有的技巧都是長期訓練和培養興趣的結果，所以母親的技巧其實並沒有神祕力量。母親的準備在生命的早期便已開始了，我們從一個女孩對比她年幼孩子的態度上，可以看出「為母之道」的端倪。對男孩和女孩應施以不同的教育，不能讓他們誤以為將來他們要從事完全相同的工作。假如我們希望培養出一位很有技巧的母親，就必須教育女孩了解為母之道，讓她們喜歡當母親，把母親的工作視為是一種創造性的工作，以後當她面臨要擔當母親的角色時，就不會感到失望。

研究表明，母親保護兒女的意識，勝過其它任何一種意識。在動物類中(例如在老鼠和猿猴之間)，為母之道的驅力已經被證實較性驅力或飢餓驅力強，如果必須在上述幾種驅力中選擇一種，最優先的必定是母親這一身分帶來的驅力。這種力量的基礎並不是性，而是以合作為目標。母親常常覺得孩子是自身的一部分，因為孩子，她才與生活的整體緊密連繫，她才認為自己是生與死的主宰。我們在每位母親的身上，多少可以發現：孩子是她一生中最偉大的作品，她以創造生命而感到自豪。現實中，對為母之道的追求就是人類追求優越地位的一種表現。這讓我們明白：為了人類的延續，我們如何以最深刻的社群感，將優越感目標應用於對別人的興趣上。

母親和外界的種種連繫並不簡單，她和孩子的連繫也不應過分強調，而不管是為了母親，還是為了孩子，這一點都必須加以注意。因為過分強調一個問題，其他問題就會被忽視，即使我們遇到的是一個簡單的問題，若稍加重視，也會應付得比完全漫不經心好。

與母親相關聯的是孩子、丈夫，以及圍繞她的整個社會生活。這三種連繫需要她憑藉常識，給予相等的注意，冷靜對待三者的關係。假如母親只考慮她和孩子們的連繫，很容易就會寵壞孩子，使他們難以發展出獨立性與合作的能力。在母親成功地連繫上孩子後，第二個工作是把孩子的興趣擴展到父親身上；然而，假使她自己對丈夫缺乏興趣，這項工作幾乎就不可能完成。往後，母親還要使孩子的興趣轉向社會生活、兄弟姊妹、朋友、親戚和普通的人。也就是說，母親的工作是雙重的：她必須先給孩子一個值得信賴的最初經驗，然後擴展此信任與友誼，直到它包括整個人類社會。

有個女孩住院的四年期間，非常受醫生和護士關心，雙親也很體貼；但當她出院幾個禮拜後，雙親的關心就減少了。後來當她要求某件東西而不能如願時，她就會把手指放進嘴裡，說：「我還是住在醫院裡吧！」她提醒別人：自己曾經生過病，並想回到那個能隨心所欲的情境；她希望得到周圍人的關心，所以喜歡談她的疾病或手術。

而有時，曾令父母大傷腦筋的孩子在經歷了一場大病之後會恢復正常，不再使父母困擾。

我們已經說過，身體的缺陷是孩子們的額外負擔；但同樣也提過，身體缺陷並不足以解釋性格上的不良特徵。因此，身體障礙的消失是否會對性格有所影響？讓我們先來看看如下例子：

有一個在家中排行第二的男孩子，他說謊、偷竊、逃學、殘忍、不服從紀律，在學校惹出了許多麻煩，他的老師對他束手無策，主張應該送他進感化院。但這個孩子卻剛好病倒了，患了結核病的他，在病床上躺了半年。當他病癒之後，成了最乖的孩子，這場疾病產生的效果讓我們難以置信。

很明顯，這種改變是由於他認清了以往的錯誤。從前，他一直認為父母偏愛他的哥哥，並覺得自己被忽視。在他患病時，他發現自己是眾人關注的中心，每個人都圍著他轉、竭力照顧他，所以便在潛移默化中放棄了「別人總是忽視他」的想法。

若要補救母親經常造成的錯誤，最好的方法便是讓她放棄照顧孩子的權力，把孩子交給孤兒院看管。如果我們要找一個代理母親，我們要找的就是能夠扮演母親角色的人——本身一定要像母親一樣，對孩子感興趣，如此還不如訓練孩子自己的母親容易些。在孤兒院長大的兒童經常對別人缺乏興趣，因為沒有人能在這些孩子與其他人之間，架起人際關係的橋梁。

曾有人對一些孤兒院長大而發展不佳的兒童做過一項實驗，他們找了許多護士和修女給予孩子特別的照顧，或把孩子安置在私人家裡，像母親照顧孩子一般，讓孩子享受家庭的溫暖。結果顯示：只要保姆選擇恰當，孩子的情況都會有顯著好轉。由此可見：養育這類孩子的最好辦法，就是幫他們找出能代替母親或父親的人，過平常的家庭生活，而假如我們把孩子從父母身邊帶走，當務之急就是幫他尋找能夠執行父母工作的人。

有許多失敗者都是孤兒、私生子、被遺棄的孩子，或婚姻破裂後留下的孩子，而這些就能看出母親的溫暖和照顧是多麼重要。眾所皆知，繼母是非常難適任的，因為前妻留下的孩子常常會反抗她；然而這個問題並非無法解決，我曾經就看過許多人成功克服了它。母親死後，孩子可能會轉向父親，並受到他的寵愛，而孩子一旦覺得父親的關懷被繼母剝奪了，便會攻擊他的繼母；假如繼母認為要反擊，那麼她與孩子的爭執必然是場持久戰，那這個孩子就真的陷入困難了。因為爭執中，往往最「軟弱」的方法才是最有效的，如果強行向對方要求某些東西，必會遭到拒絕。

合作和愛情是絕對無法用武力獲得的，如果所有人都能明白這個道理，就能避免人生中無數的大小矛盾。

二、父親的影響

父親和母親在家庭生活中的地位同等重要。孩子在幼年時，與父親的關係還不怎麼親密，父親對孩子的影響也較晚才發生效果。我們曾經說過，假如母親不能把孩子的興趣拓展到父親身上，那麼這孩子在社群感覺的發展上，很可能碰到嚴重的障礙。

不完美的婚姻也對孩子充滿了危機，母親可能會覺得自己留不住丈夫，改而全心全意地保護孩子；也許父母雙方會為了私人利益，把孩子當作爭執的焦點，希望孩子能依附自己，愛自己更甚愛對方。有些聰明的孩子發現雙親的衝突後，會巧妙地引起他們注意，讓父母來爭著寵愛他，但在這種氛圍下成長的兒童，是不可能訓練出合作精神的。兒童對婚姻和異性伴侶最初的概念，也是從父母的婚姻中得來的，在不美滿的家庭中長大的兒童，除非最初的印象被糾正過來，否則即使成年之後，他們也會認為婚姻注定是不幸的，他們會設法避開異性，不然就認定自己對異性的追求不可能成功。婚姻不和諧的家庭，並不是社會生活的成果，也不能作為社會生活的準備；兩人結合的目的，是為了謀求彼此、孩子，與社會的幸福，若任何一方失敗了，就無法協調生活的要求。

我們對父親的任務來作一個總結：他必須證明自己對妻子、對孩子以及對社會都是必不可少的棟梁；他必須以良好的方式應付生活中職業、友誼和愛情這三個問題；他必須以平等的立場和妻子合作，從而照顧並保護他們的家庭；他必須明白，婦女在家庭中有不可或缺的地位，他的責任不是壓抑妻子，而是和她合作，共同生活。

在金錢方面，我們應該特別強調：即使經濟來源由父親供給，金錢仍然是共有的東西，絕不能表現出施捨的態度。在理想的婚姻中，丈夫供給金錢只不過是家庭中分工的結果，但仍有許多父親利用他們的經濟地位作為統治家庭的理由。家庭中不應有統治者，所有會形成不平等關係的因素都應設法避免。我們的文化過分強調男性的優越地位，而所有的父親都應該知道：不能因妻子無法賺錢養家，便認為妻子不如自己，否定她在家庭中的地位。真正和諧的家庭生活，是不會計較誰賺錢、誰又應該負擔家庭的問題。

金錢若被過分強調、拿來當作爭執的焦點，那是不對的。有些女人不外出賺錢，因此她們對金錢大多比男人敏感，如果批評妻子浪費，她會受到很大的傷害，夫妻雙方應該妥善安排金錢的使用；妻子或孩子們也不應迫使父親付出非其所能負擔的金錢；而如果父親認為可以憑金錢來保證兒子的前途，這也是錯誤的。

我曾讀過一本美國小說，描述一個白手起家的富翁，希望子孫世代免於貧窮，因此而去請教律師。律師問他：要連續幾代富裕才能滿足他的願望？他告訴律師：他的能力足以使十代子孫生活富裕。「當然，你能夠做到這一點，」律師說道，「但是，你可知道你的第十代子孫每一個身上的血統都來自五百名以上的祖先？有五百個其他的家庭都能說他是他們的後代。」講到這裡，我們豁然明了：不論我們為子孫做什麼，其實都是用另一種方式貢獻給人類社會。

父親對孩子的發展影響非常大，許多人一生中都把父親當作偶像崇拜，或視之為最大的仇敵。尤其是體罰，對孩子必然是有害的，不友善的教育便是錯誤的教育，而家庭中懲罰兒童的責任又經常落在父親頭上。說它錯誤，有幾個原因：第一，它使母親產生一種誤解，以為婦女不能確實地教育她們的子女，以為自己是需要有力臂膀來幫助的弱者。若母親告訴孩子：「等你爸爸回來教訓你。」那她等於告訴他：父親是最後的權威，以及生活中握有實權的人物；第二，這樣會破壞父子關係，讓孩子對父親產生畏懼，而不把他當作朋友。有些婦女怕一旦自己承擔懲罰之責，就會淡化孩子們對她們的情感，但也不能因此就將懲罰之責完全推卸給父親，結果是：孩子並不會因為她不是懲罰執行者，而放棄對她的怨恨。許多婦女仍利用「告訴爸爸」作為強迫孩子服從的手段，但對於男性在生活中的地位，孩子又會作何感想？

如若父親總以積極的方式處理生活中的三個問題，他便會成為家庭的重要人物，是好丈夫，也是好爸爸；他容易與人相處，能夠結交朋友，而若結交了朋友，他就已經使自己家庭成為社會生活的一部分；他不離群索居，也不受傳統觀念的束縛，使外界的影響力能夠進入家庭中，也會以身作則的將社群感和合作之道教給孩子。

現在社會中，男人體驗社會生活的機會較多，對社會制度的利弊也有一定了解，以及他們對自己國家，甚至全世界的道德觀也有所耳聞，他們活動的範圍仍然比女性的大。在這方面，父親應該作為妻子和孩子們家庭和社會生活的顧問，但他不能高高在上，而應該像朋友一樣勸告，避免引起反感；即使自己的看法得到他們贊同，也不要得意忘形；而若他妻子未曾受過良好合作訓練而反對他的主張，也不必堅持自己的觀點，或運用權威來壓制對方，只要另找消除抗拒力的方法就行了。

家庭中若沒權威存在，其中必定有真正的合作。父親和母親必須協商有關孩子教育的每件事情，任何一個人都不應表示對哪一個孩子特殊的偏愛，這是非常重要的。偏愛的危險性絕非誇大其詞，孩子的沮喪，幾乎都是因為他認為另一個孩子較受偏愛所引起的。雖然有時候，這種感覺不見得完全正確，但父母若對孩子一視同仁，這種感覺不應會繼續滋長。如若父母重男輕女，那女孩的自卑情結無可避免。孩子都較敏感，如果他疑心別人比自己更受喜愛，再好的孩子也會誤入歧途。若其中一個孩子天資較聰穎或長得較為可愛，父母自然很喜歡他，但他們也應該要有足夠的經驗、技巧，避免展露出偏愛的情緒，否則會使其他孩子蒙受陰影，並感到沮喪；他們會嫉妒、懷疑自己的各種才能，合作能力也進而受到抑制。故父母必須仔細確認，自己的偏心是否存在於孩子當中。

許多人問：「同一個家庭長大的孩子，怎麼會差這麼多？」有些科學家把這個差異解釋為遺傳的不同，但我們卻認為這是一種迷信。可以把兒童的成長比喻為樹木幼苗的成長：一叢幼苗種植在一起，每一株都占有不同的生長條件。如果其中一株因較受陽光及土壤的惠澤長得比較快，那麼它的發展便會影響到其它幼苗的成長；它遮去了其他幼苗的陽光，根四處伸張，吸走了其它幼苗的營養，導致它們營養不良、發育受阻。一個家庭中，若有一個成員過分跋扈，結果也是一樣的。前面說過，父親和母親都不應在家中占有太突出的地位，如果父親非常成功或才能出眾，孩子們便會覺得自己無法和他攀比，孩子會洩氣，對生活的興趣也受到了妨礙。因此即使父親在事業上很有成就，在家庭中也不能過分強調，否則就會阻礙孩子們的發展。

三、孩子們之間的合作

孩子間的合作是家庭合作中另一個同樣重要的部分。在探討孩子出生順序的利弊時，個體心理學家開拓了一片非常廣闊的研究視野。簡而言之，假設父母之間的合作良好，並盡心盡力地教養其子女，但孩子在家庭中的排行仍然會造成很大的差異，每個孩子也因此在完全不同的情境下成長。我們不得不強調：即使同一家庭中，兩個孩子也會處於不同的情境。因此，每個孩子都會在自己的生活方式中，表現出他想適應自己的特殊情況。

幾乎每一個長子，都有過一段獨生子唯我獨尊的風光時刻；而當第二個孩子降生時，他便驟然要強迫自己適應另一個新的情境。長子通常都受大量的關懷和寵愛，習慣成為家庭的中心，他在毫無準備、措手不及的狀況下，發現自己被逐下了「王座」。另一個孩子的出生，使得他必須和另一個對手分享父母的關懷。問題兒童、精神官能症患者、罪犯、酗酒者、墮落者，這些人的誤區多是在這種環境之下開始的，另一個孩子的誕生深深困擾著他們，這種感覺鑄成了他們的生活模式。

同樣情況下，長子以外的其他孩子也可能會面臨喪失地位，但他們的感受都不至於如此強烈，因為他們已有過和其他孩子合作的經驗，未曾獨享照顧和關懷；但對長子而言，這卻是截然不同的轉變。如果長子確實因為新生兒的到來而遭到冷落，我們便不能期望他會心平氣和地接受這種情境；如果他憤憤不平，我們也不能責怪他。當然，假如長子的雙親能使他對父母給予的情愛懷有信心，假如長子知道自己的地位是不可動搖的，假如長子已準備好迎接新孩子的降臨，並學會怎樣照顧新孩子，長子便會對生活充滿信心。

新孩子的到來奪走了長子原來享有的照顧、愛和讚賞，他開始想把母親拉回自己身邊，並考慮怎麼做才能重新獲得別人的注意。有的孩子會以最粗野的方式，運用各種可能的方法拚命掙扎，但他的母親卻因為長子惹出的麻煩而對他心灰意冷。長子為要得到母親的愛而爭戰，結果卻真的失去了它。

如果長子接收到母親的反彈，那麼他的脾氣會變得很暴躁，動作粗野、吹毛求疵、不服管教。這種情況，父親若給他一個恢復舊日受寵地位的機會，長子便會移情於父親，並以此作為報復母親的一種手段。在這種環境中長大的孩子，也許找不到趣味相投的人，到一定的時間他便會感到絕望，認為自己再也無法贏得別人的情感。他的性格特徵主要表現在脾氣乖巧、保守畏縮、不能和人坦誠合作等。他的所有表現都指向：過去自己曾是眾人注意中心。所以我們常會看到，年紀最大的孩子經常會在不知不覺中表現出對過去時光的興趣，喜歡回味、談論過去，對未來卻黯然神傷。這種喪失權力且一度統治過王國的孩子，比其他孩子更了解權威的重要；當他們長大後一旦有了機會，便喜歡玩弄權勢，並過分強調規則和紀律的重要性。對他而言，每件事情必須依法而行，法律也不能隨便更改。

不難了解，這類被賦予經驗者的人，極容易形成強烈的保守主義。這種人若擁有了一定地位，總擔心別人會趕上他，把他拉下寶座，取代他的輝煌。

儘管長子的地位會產生特殊的問題，但若妥善處理，便會化險為夷。假如長子在次子出生之前已經學會合作之道，便不會遭受傷害，甚至有些人會發展成習慣保護、幫助人的性格，經常對年幼的弟妹扮演父親或母親的角色，有的人還具有很強的組織才能；然而保護別人者，也可能演變成希望別人依賴自己、或想統治別人的欲望。依據我在歐美研究的經驗中發現，問題兒童絕大部分都是長子，緊接其後的是最小的孩子。極端的問題往往是由極端的地位導致，這種現象很有趣，但也是教育至今還不能成功解決的問題。

至於次子，則完全處於一種不同的地位，這種情境是不能和任何其他孩子相較的。從次子出生起，他便和另一個孩子分享父母的關懷，因此他比長子容易和別人合作，周圍環境中也會有很多人樂意和他交往，而若長子對他沒有敵視，那麼他的境遇是相當舒適的。

讓我們看看次子在生活中與長子的區別——在他的童年時期，始終都有一個競爭者存在。在他前面，有一個年齡和發展都遙遙領先的哥哥，他必須使出渾身解數迎頭趕上。典型的次子極容易辨認，他的生活表現像是參加一項比賽，有人領先他一兩步，而他必須加緊腳步來超越對方，時刻處於劍拔弩張的狀態，並發憤要壓過他的兄長並征服他。《聖經》給了我們許多奇妙的心理學暗示，在雅各的故事中，便很高明地描寫了典型的次子，他希望成為第一，想取代以掃的地位，想打敗以掃並超越他。次子總是不甘屈居人後，努力奮鬥想要超越別人——而他經常會成功，次子通常較長子有才能。此處，我們無法承認遺傳在這種發展中有任何影響，假如他很快地超越長子，那只是因為他對自己要求較高，即使在他長大之後，當他由家庭走向社會時，也往往會找一個競爭對手，並喜歡拿自己和別人比較，並以超越別人為目標。

我們不僅在清醒時的生活裡可以看到這些特徵，在夢裡也很容易發現它們。例如，長子常常會做從高處跌下的夢，他們站在巔峰的地位，卻不敢保證能維持優越地位；另一方面，次子經常會夢見自己在參加比賽。可能跟在火車後面跑，可能騎著自行車和人比賽。

然而，這些規則並非一成不變。並非所有作風像長子的都是長子的，我們要考慮的是整個情境，而非出生順序。在大家庭裡，較晚生的孩子有時也會處於長子的地位，例如：連續生了兩個孩子之後，隔了很長的一段時間才生下老三，而後又緊跟著來了兩個孩子。這樣，老三就可能具有長子的全部特性，次子亦復如是，而第四或第五個孩子，可能會像典型的次子。兩個一起長大的孩子，只要年齡相距很近，而跟其他的孩子又相差很遠，那麼，長子和次子的性格特徵就會在他們身上表現。長子若在這場競爭中失敗了，便會看到長子出現問題；而如果長子能夠保持地位，那惹出麻煩的一定是次子。

在一個男孩和一個女孩之間，比兩個男孩或兩個女孩之間的緊張氣氛更濃。若長子是男孩，次子是女孩，長子的處境會非常危險與困難，他得承受被女孩擊敗的危險，這對他來說會是一種羞辱。在這種爭執中，女孩較受惠，因為十六歲以後，女孩在身體和心靈方面都發展得比男孩子快。如果哥哥放棄了爭執，心灰意冷後，他會不擇手段地攻擊對妹妹，例如吹牛或撒謊等。而我們幾乎可以保證：在這種情況下，贏的總是女孩。我們會看到男孩採用了各種錯誤的途徑，可是女孩卻輕而易舉地解決了自己的問題，並一帆風順前進。這種困難是可以避免的，但卻要事先知道其危險所在，並採取防範措施。

家庭生活中，除了最小的孩子外，其他孩子的地位都可能受到威脅。幼子沒有弟妹，卻有許多競爭者，他一直是家裡最小的孩子，也可能是最受寵愛者，他面臨的是被寵壞的孩子的問題。又因為所受刺激很多，並有許多競爭機會，幼子經常會向異乎尋常的方向發展，可能跑得比其他的孩子快，甚至超過了比他還能跑的人。

在人類最古老的故事裡，便已經有最小的孩子如何超過兄姐的記載：聖經中的征服者總是最小的孩子，約瑟一直被當作最小的孩子撫養，即使在他出生十七年後，便雅憫出世了，他始終保持著優越的地位，依舊是小兒子的生活模式，甚至夢中亦如此。約瑟夢到別人必須向自己低頭，而他的光芒淹沒了其他人。哥哥們對他的預知夢感到恐懼，設局陷害他；然而，約瑟最後還是站在了兄弟的頂端。在以後的日子裡，他成了家裡的棟梁，支撐著整個家庭。最小的孩子經常是整個家庭的棟梁，這種現象並非偶然，人們都知道這一點，並編了許多故事。現實中，幼子的處境相當有利，並且非常幸福，父母和兄姐都會疼愛他，也有許多事能激發他的努力，並且沒有人能從後面攻擊、分散他的精力。

但第二大比例的問題兒童往往來自最年幼的孩子，原因通常是因為家庭寵壞他們。被寵壞的孩子絕對無法自立，因為已喪失了憑自己力量獲取成功的勇氣，並且總是野心勃勃，大多數富有野心的孩子總是懶惰的。而懶惰是由於，當野心大到看不出有實現的希望時，自然會令人心灰意冷。有時候，最小的孩子不肯承認他有任何野心，這是因為他希望在每一方面都超過別人，不受拘束，唯我獨尊。而幼子的自卑感，來自於周圍環境中每一個人都比他年長、強壯，富有經驗，致使他常會自嘆不如。

四、獨生子女與父母的合作

所有事物都有自己的誤區，獨生子也不例外。

獨生子有一個敵手，但並不是哥哥或姐姐，他的競爭感是針對父親。母親總是特別寵愛獨生子，想要將他置於自己的護翼之下，導致孩子日後養成了所謂「戀母情結」，終日圍在母親身邊，並想把父親逐出圈子之外。若想避免這種情形，父母就得協力合作，使孩子對他們兩人都產生興趣，但大多數父親對孩子的關懷往往不及母親。

長子和獨生子會非常希望征服父親，他們喜歡征服年紀比自己大的人。獨生子經常害怕自己會有弟弟或妹妹，周圍的鄰居或朋友常說：「你該有個小弟弟或小妹妹了！」而他卻會對這種「預言」深惡痛絕。獨生子覺得自己必須永久作為眾人注意的中心，假若他的地位受到挑戰，他會覺得那是不公平的；在以後的生活中，只要他不再是眾人的焦點，便會製造種種禍端。

另一種會妨礙獨生子發展的危險，是他誕生於一個小心翼翼的環境中。如果父母由於健康上的原因無法再生育了，那我們能做的唯一事情，就是盡力幫他們解決獨生子可能遇到的問題；但在非獨生子的家庭中，也經常可以發現孩子有獨生子的表現。這種父母過分膽小和悲觀，他們覺得自己無法負荷過多孩子的經濟需求，由於家裡充滿了焦慮的氣氛，所以孩子也會感受到巨大的壓力。

如若孩子們出生的時間相隔太遠，那他們都難免會有某些獨子的欲望，這種情形並不理想。經常有人問我：「你認為家庭中孩子們的年齡，最好相差多少？」、「孩子應該要緊接著出生，還是應間隔較長的時間？」依據我的經驗，我認為最理想的間隔是大約三年。長子三歲時，即使較小的孩子出生了，他也能表現出合作行為。長子的智力已經足以接受：家庭中能不止有我一個孩子；但假如長子只有一歲半或兩歲，既無法和他討論，他也無法了解我們的道理。因此這種情況下，對於即將到來的事情，我們應避免讓長子準備。

如果一個男孩成長的環境中，周圍都是女孩，他便要面臨一段艱苦的時光；若父親大部分時間又都不在家，那他舉目所見的只有母親、姐妹（和女僕）。由於他在這個環境中屬於「異類」，所以他只能在孤獨中成長，若是「女生們」一起聯合起來對付他，更是如此。他覺得女孩們必定一起教訓他，或者試圖證明他沒有什麼值得驕傲的，導致他產生了抗拒和敵意。若他在排行中間，他可能會腹背受敵；若他是長子，便會有一個很厲害的女性競爭對手；若他是最小的，則極有可能被當成一個玩物。

女孩群中長大的男孩，大都不太討人喜歡，若想解決這個問題，那他必須參加社交活動，和其他孩子打成一片。否則，受身邊女孩的影響，他的行事作風也會較為女性化；反過來說，男孩也可能會非常重視自己的男性氣質，時時防衛自己，避免受到女性的駕馭。男孩認為必須肯定自己的不凡和優越，因此，他們會時時感到緊張。結果顯示：在女人堆中長大的男人，往往會朝兩種極端發展，要嘛非常強壯，要嘛非常軟弱，這是一種值得研究和探討的現象。

同理，在男孩群中長大的女孩，也極容易有男性氣質，現實生活中，她常會有不安全感和孤立無助感，並常常受此困擾。若要避免這一類的害處，唯一的方法就是給予兒童更多的合作訓練。

第六章　孩子在學校的教育

一個孩子進入學校學習，便是進入了一個全新的環境，正如所有其他新環境一樣，學校也是對兒童先前準備性的一種測試。若他準備充分，他便能順利通過這樣的測試，反之，他在此方面的缺陷將暴露無遺。

一、老師對孩子的影響

一個學生對教師的興趣，很大程度上決定了該學生是否能專注於自己的學業。而教師教學藝術的一部分，就是能保持，並促使該學生對自己學業的專注，並力求觀察學生是否專注的事實。有許多學生不能專注於自己的學業，他們一般是那些被寵壞的孩子，被學校裡眾多的陌生人嚇壞了。如果那些孩子表現出似乎記憶力欠缺了，那是因為教師較為嚴厲的結果，不過，這種記憶力欠缺並不像我們通常所理解的那樣，因為那些被教師指責為記憶力欠缺的學生，卻能對學業之外的事情過目不忘。他們完全能夠精力專注，但這只在溺愛他們的家庭情境中出現；他們之所以不能把精力集中在自己的學業上，是因為他們把全部精力都集中在被寵愛的渴望上了。

然而，批評或責備對於在學校裡難以適應、成績不佳、考試不及格的孩子是沒有用的，這反而會讓他們感到自己不適合上學，並對上學產生悲觀消極的態度。值得一提的是，這種孩子一旦獲得教師的寵愛，通常會成為好學生，但是我們不能保證他們永遠受到寵愛。如果他們更換教師或在某一學科進步甚少，他們就可能裹足不前，因為他們已經習慣別人把他面前的路鋪平，他們沒有耐心與毅力，去克服困難勇往直前。

大多數孩子在學校成績總是變化不大，這種情況反映了孩子心理態度的惰性而非智力發展水準，孩子受過若干挫折便不抱希望，自我局限；但是，有些兒童的成績不時出現一些變化，這表明他們的智力發展並非命中注定，學生應該認識這點，教師也應教育他們懂得實際運用。

教師和學生都要破除這種觀念：把智力正常的兒童所取得的成績，歸因於特殊的遺傳。這也許是兒童教育中最大的謬誤，即相信能力是遺傳的。當個體心理學率先指出這一點時，人們認為這只不過是我們的樂觀之見，並無科學依據。不過，現在越來越多的心理學家和病理學家開始相信我們的看法。能力遺傳的說法太容易被父母、教師和孩子當作藉口了，每當出現困難，需要人們努力解決時，人們就搬出遺傳原因來推卸責任；但我們沒有權利逃避責任，而應該永遠對那些藉口持懷疑和否定態度。一個相信自己教育價值、相信教育可以訓練性格的教育工作者，不應該毫無邏輯且矛盾地認可能力遺傳的觀點。在這裡我們並不關注身體上的遺傳。我們知道，器官的缺陷，甚至器官的能力差異是可以遺傳的；但連接器官功能和精神能力的橋梁是什麼？個體心理學堅定的認為，精神也在體驗和經歷著器官所擁有的能力水準，並且也要顧及到器官所具有的能力。不過，如果精神對器官能力顧慮過多，器官的缺陷便會嚇倒了精神；而即使器官的缺陷已消除，精神的恐懼卻會持續很久。

教師應該清楚不佳的成績單帶來的後果。有些教師以為學生應當把欠佳的成績單向父母展示，這樣他會更加努力。但這些教師忽略了某些家庭的特殊情況。有些孩子的家庭教育極為嚴厲，在這樣家庭成長的孩子會猶豫，是否要把不好的成績單帶回家？結果是：往往他們根本不敢回家。甚至在極端的情況下，會因為恐懼父母的責備而絕望的自殺。

教師當然不必對學校的制度負責，但他們完全可以有同理心，去緩和學校制度苛刻的一面。教師可以對那些具有特殊家庭背景的孩子寬和一點，鼓勵他們，而不是把他們逼上絕路。設身處地想一下，我們很容易能理解為什麼這些孩子不喜歡學校：一個孩子如果成績不好，總是受到批評，就可能會喪失趕上其他學生的信心，他就不可能喜歡上學，並會設法逃離學校。

在德國，沒有會給孩子做家教的教師，也沒有那樣的制度。公立學校的任課教師對孩子有非常清楚的了解，如果他懂得如何正確觀察，他就會比其他人更了解班級的實際情況。有人會說，班級人數太多，任課教師不可能了解每一個學生。不過，如果能從孩子一入學就觀察他們，如此很快就能認識到他們的生活風格，也可以避免一些後來觀察的困難，即使班級很大也可能做到。班級人數過多雖然不利，但並不是一個難以克服的障礙，而是可以避免的。

從心理學的角度來說，最好不要每年、半年就更換教師，教師最好能跟班，隨學生進入新的年級。如果教師能只教導同一個學生兩年、三年或四年，這將會大有益處。教師就可在此期間密切觀察、了解孩子，就能掌握學生在生活所犯的錯誤，並加以矯正。綜上所述，理想的教師能敞開學生的心靈，並且掌握著人類的未來，負有一種神聖的、激動人心的使命。

只依靠建構理想的教育是不夠的，還必須找到能實現的方法。因此，在學校裡建立心理諮商室就是必然的結果。

用現代心理學知識服務於教育系統，就是諮商室的目的。諮商室會定期舉辦諮商活動，例如：

一位了解教師和父母生活情況的心理學家，與教師們一起參與活動。教師們聚集在一起，每人都提出一些問題兒童的案例，如懶惰、擾亂課堂紀律、偷偷摸摸等。教師會描述一個具體案例，再由心理學家提出自己的經驗和知識，並開始討論，討論內容包括：問題的原因、問題什麼時候出現、應該怎麼做等。心理學家會分析該孩子的家庭生活和整個心理發展史，最後把各種情況綜合起來，做出一個具體的矯正措施。

若事先與母親商量，以確定母親了解具體的內容，這樣更利於孩子和母親參與第二次諮商。這個母親聽取了孩子遭遇挫折原因的解釋後，由母親講述了孩子的情況，再由心理學家和她討論。一般來說，母親看到別人對她孩子的案例感興趣應該很高興，並樂於合作。教師或心理學家在母親富有敵意的時候，可以試著談論一些類似的案例或是其他的情況，直到她的牴觸感被化解。

原來的問題兒童恢復了心理健康，也恢復了與人合作的勇氣與自信，這便是孩子在這種諮商活動中獲得的收益。那些沒有去諮商室接受諮商的學生也受益匪淺，因為當班級個別學生出現潛在問題的時候，教師會提議孩子們對此展開討論。教師要對討論進行指導，孩子們都有機會各抒己見，開始分析某個問題的原因，比如個別學生的懶惰，最後得出結論——這個懶惰的孩子能從眾人的討論中獲益良多，然而他並不知道自己就是話題的核心。

這個簡短的總結，顯示了心理學和教育相結合的重要性，兩者是同一現實下，同一問題的兩個方面：要指導心靈，就需要了解心靈的運作。

二、行為的訓練

在現行的教育制度下，通常會發現孩子上學後，對競爭的準備遠較對合作的準備充分；學校生活中，對競爭的訓練又一直持續未斷。對孩子而言，這是一種不幸。如果孩子擊敗了別人而遙遙領先，那麼他的不幸不一定少於屈居人後者，這使他的目標變為只為自己奪取，而非奉獻。正如家庭應該團結一致，各成員在團體中都平等一樣，班級也應該如此。而只有依此方向教育，孩子們才會對彼此真正感到有興趣，並享受到合作的快樂。

我看過許多問題兒童，在經過與同伴合作並分享的樂趣之後，態度便完全改變了，舉一個兒童為例：

他覺得家裡每個人都與他為敵，因此，他以為在學校裡大家也會和他作對，而當父母聽到他功課不佳的消息，便在家處罰他，這種情況經常發生。

這個孩子因此在班上調皮搗蛋，成績也始終不見起色；後來，有一位老師了解他的情況，並向其他同學解釋，這孩子為何覺得每個人都與他為敵，後來這孩子的行為就有了出人意料的轉變。

有些人會懷疑是否真能用如上方式，教導孩子了解、並幫助別人；但根據我的經驗，孩子通常比長輩更善解人意。

有一次，有位母親帶著她的兩個孩子，一個兩歲的女孩和一個三歲的男孩到我的房間來。趁母親不注意時，小女孩爬上桌子。母親立刻被嚇得動彈不得，只是大聲地叫道：「下來！下來！」小女孩並不理會她，而那個小男孩說道：「不準動！」那女孩卻馬上爬了下來。由此可見：男孩更知道該如何做，他比母親更了解那女孩。

有人認為團結合作的最好方法，是讓孩子們自治。但我認為前提是：必須肯定他們已具備能力，並且在老師的指導下小心進行。否則，孩子們對他們的自治並不以為然，只把它當作一種遊戲，結果可能比老師更嚴厲、苛刻，他們會因此利用班會去爭權奪利、攻擊別人、排除異已，爭取優越的地位。

三、心態平和

在許多名人的例子中可以證明，曾經在學校屈居人後的孩子，仍有可能恢復勇氣和信心，並達成偉大的成就，即使是學校裡最壞的學生也不例外。

我們可以利用各式各樣的測驗，來了解一個兒童當前心智發展、性格及社會行為等。智力測驗可能作為救助孩子的工具：老師會讓一些成績很差的學生留級，但經過智力測驗後卻發現他其實可以升級。一個孩子未來的發展是無法預測的，智商只能夠看出一個孩子的接受力。在我的經驗裡，當測驗結果顯示孩子並不是真正的智力低下時，只要找出正確的方法，便能使他的智商再發生變化；假若他的智商真的進一步提高，我們不妨讓孩子們玩益智遊戲，並增加實際考試中的經驗。因而，智商不應被當作是由遺傳決定的，而影響兒童未來成就的因素也不是智商。

兒童的雙親都不應當過分探究孩子的智商，甚至兒童本身並不知道這類測驗的目的，以為這是一種最後的判決。兒童往往認為自己受到各種限制，這是教育中難度最大的問題。我們應該設法增加兒童的勇氣與信心，並幫助那些認為自己智力低下的兒童消除生活上的誤解，從而能為自身能力的發揮制定計畫。

孩子們不憑藉成績單，也能對彼此間的能力有相當精確的了解，他們清楚在數學、書法、繪畫、體育各門課程裡，分別是誰最拿手的。他們最常犯的錯誤是認為自己再也無法進步了，他們看著別人遙遙領先，認為自己永遠無法追及。假如一個孩子對這種看法根深蒂固，他就會把這個看法移轉到之後的生活中。大部分的兒童在同一個班級裡，大致會保持相同的名次；即使在成年後的生活裡，仍會擔心自己落於人後，因而時常計算他的地位與別人的距離。它顯示出他們為自己訂下的限制、樂觀程度，及活動。名列班級之後的人應該也能改變他的地位，並取得驚人的進步。老師和學生應該放棄「正常兒童的進步與其天賦能力有關」的迷信，同時，兒童們也應該更多了解這種自我限制所犯的錯誤。

四、先天不足與後天培養

教育界所犯的各種錯誤中最糟糕的，就是迷信遺傳會限制兒童發展的思想。它使家長們對自己子女管教無方，卻有藉口逃避責任。而假如從事教育的人把性格智力的發展全部歸於遺傳，他又能在教育上完成些什麼東西呢？反過來說，如果他看出自己的態度和措施能夠影響孩子，他就不能以遺傳的觀點來逃避責任。

我確信只有在個體心理學裡，才能真正了解這種器官缺陷對心靈發展的影響。孩子在心裡會體驗到自己器官的作用程度，並判斷自己能力，來限制自己的發展。因此，假如一個孩子蒙受器官缺陷之害，他便特別需要了解：沒有理由能認為，他在智力或性格方面也會受到限制。我們曾提過，同樣的身體器官缺陷，有人當成注定要妨礙自己發展的一種障礙；而有人卻看作自身奮發的動力，及求取更高成就的刺激。

當初我發表這個結論時，就有許多人批評我的觀點不科學，甚至指責我的主張只是與事實完全不相等的個人觀念。然而我的結論卻是從經驗中精煉出來的，有利於它的證據也日益增加。如今許多精神病學家和心理學家也都獲得了同樣的看法，認為過分強調遺傳對性格的影響，只能稱為迷信而已。

而這種「性格來自遺傳」的迷信已經存在數千年了。「人之初，性本善」或「性本惡」的說法，是它最簡單的形式，而這顯然是站不住腳的。「善」、

「惡」像其他各種性格的表現一樣，只有在社會環境中才有意義，它們蘊含了一種判斷——「顧全他人利益」或「違反他人利益」。但在孩子降生前，他並沒有這一類的社會環境；出生後，他的潛能使他可能往任何一方向發展，所受的教育也會影響他選擇的道路，而他從環境、自身所接受的感覺、印象，以及他對這些感覺、印象的解釋，也對他所選擇的道路產生影響。

雖然其他心理功能的遺傳性證據沒那麼明顯，但也都是如此的。興趣發展心理功能的最大因素，灰心或對失敗的恐懼，是妨礙興趣的真正原因。大腦結構是由遺傳得來的，但大腦只是心靈的工具，而非心靈的根源。假如大腦受到損傷，但尚未嚴重到無法挽回的地步，它也能夠接受訓練，以補償其缺陷。

長期的興趣和訓練影響著每種潛能，即使發現許多家庭一連幾代都有天賦甚高的人才，我們也不認為它是出自遺傳的效果。我們寧可假設：這個家庭中某一分子的成功，可以刺激其他人奮發向上，而孩子也在耳濡目染中繼承先人的志趣。比方說，當我們知道大化學家李比希是藥房老闆的兒子時，我們不會認為他的化學能力來自遺傳，而會認為他的環境允許他發揮興趣。

在其他孩子對化學仍然一無所知的年齡，他對這門學問已相當熟悉，這樣便已經夠了；莫扎特的雙親對音樂很感興趣，所以特別鼓勵他往音樂發展，他的幼年時代也充滿了音樂。我們可以經常發現，著名的人物中這樣的「早期開始」：可能很小的時候便為家裡的人寫故事、可能四歲時就開始彈鋼琴。他們所受的訓練是自然而廣泛的，並且興趣是持久的，他們不曾猶豫、退縮，一直勇往直前。

兒童之所以不能成功地除去自己定下的限制，是因為教師相信發展有固定的限制，而那必將影響兒童。假如他對孩子說：「你沒有數學才能」，他的處境便輕鬆多了。可是這樣做除了使孩子洩氣外，便毫無作用了。我自己也有類似的經驗：我在讀書時，好幾年都是班上數學能力較差的學生，我也十分確信自己完全缺乏數學才能。有一天，我出乎意料地發現，自己會做一道連老師都被難倒的題目！這次經驗成功改變了我對數學的態度。以往我的興趣完全沒放在這門功課上，後來，我開始以它為樂，並利用每個機會來增加我的數學能力。結果，我在學校裡成了數學佼佼者之一。而我能看出天生能力或特殊才能的理論錯誤，也源於這次經驗的幫助。

五、區分不同模式和類型

心理學家之所以能很容易地區分出不同的生活類型和模式，是因為曾在了解兒童方面受過專業的訓練：觀察一個孩子的姿勢、觀看、聆聽方式、與其他孩子的距離、是否容易與人交友、專注力，都能看出他的合作程度。

如果孩子總是忘記做功課，或丟掉書本，說明他對功課不感興趣；如果孩子不參與其他人的遊戲，那麼我們可看出他的孤獨感，並且只對自己感興趣；如果孩子總是希望別人幫他做事，那麼我們可看出他缺乏獨立性，與想得到別人支持的欲望。

有些孩子只有在受到嘉獎或讚賞時才肯做事，許多被寵壞的兒童，只有老師特別關注他時，功課才表現的特別優秀；如果他們失去這種特別關懷，他們的興趣就會隨著沒人注意而終止。這些兒童的弱項經常是數學，當要求他背出公式時，他們能毫無困難地說出來；但要他獨自解題時，就一籌莫展了。如果孩子保持這種態度，他在成年後的生活裡，也會時刻尋求他人的支持；當他面臨問題時，就會強迫別人代他解決。這樣的人會成為別人永久的負擔，終其一生對人類的幸福毫無貢獻。

此外還有一種孩子，他們會擾亂課堂秩序，甚至帶壞其他的孩子，而他這樣做只是想滿足自己的願望：令自己成為眾人注意中心。即使是責備與懲罰都無法改變他的看法，因為他寧可受痛打，也不願被忽視；他的行為所帶來的痛苦，只不過是他為自己的愉悅付出的代價而已。對許多兒童而言，懲罰僅被視為能否持續他生活模式的挑戰、比賽或遊戲，孩子總是最終的贏家，因為主動權掌握在他們手裡。所以有些喜歡和老師或父母作對的孩子，受到懲罰時不但不哭，反而會笑。

懶惰的孩子幾乎都野心勃勃，雙親或老師若直接打擊他，會影響他的野心，以致他更害怕遭受失敗。每個人對「成功」的理解都不同，當我們發現一個孩子把什麼都當作是失敗時，也不必驚訝，因為有些人認為：無法超過別人便是失敗。即使他已功成名就，也無法忍受別人比自己更好；他從未嘗過被擊敗的滋味，因為從沒有面臨過真正的考驗；他對眼前的問題總是儘量逃避，不肯輕易與一較高低。而別人都會以為，假如他不是這麼懶的話，一定能應付自己的困難，而他便在這種想法中找到了棲身之所。

當懶惰的人失敗，他會對自己說：「我只是懶，不是無能。」以此解嘲保持自尊。老師有時也會對懶學生說：「如果你再努力一點，你可能變成班上成績最好的學生。」假若他真能如此容易地獲此殊榮，那他為何努力學習，還得冒著可能失敗的危險？別人可能並不重視他達到的成就，並以此來評判他。

只要懶惰的人做了一點事，別人就會誇獎他，這就是作為一個懶孩子的好處。別人看到他似有洗心革面的意思，便急著想刺激他痛改前非；而同一件事假如是勤快的孩子所做，便不會受到這麼多的重視。懶孩子便以此方式生活在別人的期望裡，打從嬰孩時代起，便期望任何事情都要別人幫他完成，是被寵壞的孩子。

我們希望孩子不要面向失敗，也無意將他們塑造成一種固定的類型，但假若這些偏差在成年後還未糾正，將會造成嚴重的後果。兒童時的錯誤和成年後的失敗是一脈相連的，例如焦慮症患者幼時多害怕黑暗、陌生人或新環境，沒有學會合作之道的兒童，容易變成精神官能症患者、酗酒者、罪犯或自殺者。在現代社會中，我們無法期望每一位父母都能幫助孩子避免錯誤，而往往最需要給予忠告的父母，也是最不肯接受勸告的父母。由老師來接近學生、矯正他們的錯誤，並訓練孩子獨立、合作和充滿勇氣的生活。

第七章　青春培養

培養友誼，是避免青春期的孩子出現問題的最好方法，而孩子除了結交好朋友或好夥伴，也應該和家庭成員成為朋友。家庭成員之間應該相互信任，事實上，只有那些把孩子當作朋友的父母、教師，才能真正引導青春期的孩子，其餘的人若想指導他，便會立即被青春期的孩子拒之門外，孩子不會信任他們，把他們視為外人，甚至敵人。

一、生理與心理的引導

有些女孩在青春期的時候，更喜歡模仿男孩子，那是因為她們厭惡自己的女性角色，而模仿青春期男孩子的壞毛病如抽菸、喝酒和拉幫結派，比模仿努力工作者要容易得多。而這些女孩會藉口說：是因為那些男孩子對自己感興趣，才會模仿這些行為。

我們對青春期女孩的男性模仿加以分析，就不難發現：這些女孩即使在幼年的時候，也從未喜歡過自己的女性角色，而這種厭惡一直被掩蓋著，直到青春期才明顯地表現出來。因此，觀察青春期女孩的行為是非常重要的，而我們就能由此發現她們如何對待自己將來的性別角色。

青春期的男孩經常扮演一種聰明、勇敢和自信的男人角色，雖然他們相信自己可以成為完善的男人，卻不敢面對自己真正的問題。青春期的有些男孩，會表現的脂粉氣十足、舉止像個女孩，甚至模仿女孩的壞習慣，如賣弄風情、忸怩作態等——代表他們過去在男性角色的教育上有所缺陷，而這種缺陷會在青春期暴露無遺。

與男孩極端的女性化類似，我們也能發現，有些男孩極端的男性化，並把男性的人格特徵發展為惡習。他們酗酒、縱欲，甚至僅僅為了炫耀男子氣概而不惜犯罪，這些常常表現在那些想獲得優越感、想成為領袖和想令人側目的男孩子身上。這類男孩表面氣勢洶洶、野心勃勃，但內心卻比較怯懦。近來美國就有一些惡名昭彰的例子，如希克曼、李奧波德與勒伯，研究一下他們的履歷，就會發現他們總尋求一種不費氣力的生活、一種無需努力的成功，這顯示了有罪犯特徵的孩子，通常都積極主動卻沒有勇氣。

我們還經常發現，有些青春期的孩子還會第一次毆打父母。「孩子突然變了」的結論，只是不願探討這種行為背後的人格統一性而已。如果我們對這之前發生的事情做一番研究，就會發現他的性格一直如此，並沒有變化，只是他現在擁有了更多力量與可能性。

青春期的孩子都會面臨一個危險的考驗：即他必須去證明，自己不再是個孩子。而當我們感到自己必須證明什麼的時候，就可能走得太遠、做得太過。解決辦法就是向孩子解釋，並指出：不必向我證明你不再是個孩子了，我們不需要這種證明。如此，也許就可以避免他們的過度行為。

我們經常會發現這種類型的女孩：她會誇大對男性的喜愛，甚至成為「花痴」。這種女孩總是和母親爭吵，認為自己受到了壓制（也可能真的受到了壓制）；為了惹母親生氣，她會與任何遇到的男人搭上關係，而當想她到母親發現後而震怒痛苦的樣子，就感到非常開心。許多女孩會僅因父親過於嚴厲或與母親吵架離家出走，甚至還會與男人發生初次性行為。

諷刺的是，往往對自己女兒過於監管的父母，本意是希望她成為好女孩，最終卻成了壞女孩，這是因為父母缺乏心理學的洞見。錯誤不在於這些女孩，而在於她們的父母，因為他們沒有訓練女兒的判斷力和獨立性，去避免青春期的陷阱，而只是一味地將她保護起來。

上述問題或許沒有出現在青春期，而是延續到青春期之後，但其中的道理是一樣的；若是在後來的婚姻中才出現，也只是這個女孩比較幸運，沒有在青春期遇到此類的不利情境罷了。但為了避免這種不利情境，仍是要對它有早作準備。

二、向成人挑戰

每當職業、社交、愛情和婚姻等各種問題一起逼近時，那些已經成年但尚未做好生活準備的孩子，會慌亂異常，例如：找不到能吸引他的工作，認為自己終將一事無成；對於愛情和婚姻，總是忸怩不安，遇見異性時，也會不知所措；一天比一天地感到絕望，而對生活的所有問題都感到厭煩，覺得沒人能理解他；他不注意別人，也不跟別人說話；他既不工作，也不讀書，只終日幻想，進行一些粗鄙的性活動等。

但這種病症其實只是一種錯誤而已，如果能夠證明他走的途徑不對，並點出正確之途，他便能立刻痊癒。然而，把他的整個生活以及過去所學的東西都一一糾正過來，並非一件簡單的事情。過去、現在和未來的意義不能只憑妄加猜測，而必須以科學的眼光重新檢驗。

如果對生活的三個問題欠缺適當的準備與訓練，將給青春期帶來很大的危險；如果孩子們對未來心懷畏懼，他們愈受到命令、告誡、批評，愈覺得徬徨、不知所措；而我們對孩子的努力之所以會徒勞無功，是因為沒多鼓勵他們的結果。

有些孩子在步入青春期後，會希望自己永遠不要長大。他會與比自己小的孩子一起玩，甚至以兒語說話，裝得像嬰孩般；但絕大多數的人，都會竭盡所能模仿大人的姿態：滿不在乎地花錢、調戲異性並做愛。在一些特殊的個案中，我們會發現一些孩子很早便迫不及待地胡作非為，以致走上犯罪的道路；但與此同時，他們仍未看清該用何種方法來應對生活中的問題。這種情況尤其會發生在：少年時有過犯罪行為但未被發現，便自以為可以逃離法網的人。犯罪是逃離生活問題的簡捷方法之一，特別是在經濟問題前。人們感覺到十四歲至二十歲之間的少年犯罪率急遽地上升，因此更需要全力屏棄掉兒童時期的犯罪暗流，而不是把它當作一種新的環境。

有許多孩子在青春期，會患上器官性疾病或自律性神經失調。在拒絕解決生活問題時，精神官能症不必以降低個人的優越感為藉口；精神官能症出現，通常是在一個人面臨社會性問題，但又不準備以符合社會要求的方式來解決它的時候。青春期的身體對這種緊張特別敏感，所有的器官都會被它掀動，神經系統也會受其影響。

器官的不舒適也可以作為猶豫和失敗的託辭，在這類事例中，不管是私下還是公共場合，孩子都會因為病痛而認為自己不必負擔任何責任，這樣便構成了精神官能症。每一個精神官能症患者都表現出最誠摯的意願，他十分了解社群感與如何應付生活問題，卻在病症裡逃開這種普遍的要求。能夠使他釋下重負的是精神官能症本身，他整個態度似乎在說：「我也急著要解決我的問題，但我的病卻使我無能為力。」

這一點就是精神官能症和有目的犯罪的不同之處：犯罪者對社會麻木不仁，經常毫無顧忌表現自己的扭曲欲望；而精神官能症的自私讓人討厭。

三、青春期的防範

小時候被寵壞的孩子，到了青春期多半是失敗者。隨著年歲的增長，他們會認為生活欺騙了自己，因為自己漸漸不再是眾人的焦點；而從前看起來天資不高的孩子會超越前者，表現出驚人的能力，他們充滿了新構想，對人類各種活動的興趣也變得鮮明熱烈。

獨立的意義是能獲得更多奉獻的機會，而並不是要冒失敗的危險。

許多孩子會醉心於其他人對自己的讚賞。男孩尋求別人的誇獎，那是很正常的事；而女孩通常較缺少自信，她們把別人的讚賞，當作是證明自身價值的唯一方法。這種女孩很容易落入善於阿諛男人的圈套，甚至與之發生性關係——她們只是希望用此方法獲得注意，同時證明自己已經長大了。

且讓我舉一例：有一個十五歲女孩，出身貧寒，她有一個自小便體弱多病的哥哥。母親因為對哥哥的健康特別關心，在她出生時就沒能照顧好她；而在幼年時期，母親的時間又被臥病在床的父親占用。這個女孩一直盼望能夠得到照顧，但她卻始終無法如願。

後來，母親又生了一個妹妹，這時父親雖然已痊癒，但母親卻將全副心力轉移到妹妹身上。結果，這個女孩覺得自己是唯一沒有受到關愛的人。她拚命奮鬥，在家中她是好孩子，在學校她是好學生，而由於她的努力，父母決定將她送到一所當地頗有知名度的高中；一開始，她因不了解新學校的教育方法，以致功課一直趕不上別人，老師的幾句批評就令她萬念俱灰。她急於找一個了解自己的人，幾經嘗試後，她終於離家出走了；家人到處尋找她，憂慮萬分，她卻與一個男人共同生活了十四天。後來，她開始後悔自己做的荒唐事，送了一張便條回家：「不要為我擔心，我已經服了毒藥，我很快樂。」

但事實上，女孩根本沒有服毒自殺。她只是想博得父母的同情，等著母親帶自己回家。

假如這個女孩知道，自己所追求的其實只是別人的讚賞而已，那麼這場風波就不會發生了；曾經，這女孩的成績在班上一直名列前茅，倘若她的高中老師能對這女孩多加讚賞，那麼女孩的情形也不至如此悲慘。

還有一個例子：有一個女孩，父母的性格都非常柔弱。母親對女孩的誕生大失所望，因為母親想要的是一個男孩。母親一直很輕視女孩的地位，她常常聽見母親對父親說：「這個女孩一點都不討人喜歡，長大後也一定沒人會喜歡她。」、「她長大後，我們該拿她怎麼辦呢？」十幾年來，女孩都是在這種家庭中度過的，她甚至曾看過母親的朋友寫給母親的信說：「妳還年輕，不會只有一個女孩的，將來一定會有個男孩。」後來，女孩去鄉下拜訪叔叔時，遇到了她的「情人」——一個胸無點墨的鄉下男孩。不久女孩甩掉了他，但是那男孩依舊對她一往情深。

當我看到那女孩時，她已結交過數個男朋友，卻沒有一個能令她稱心如意。她來找我，是因為她現在患有焦慮症，不敢一個人單獨出門；當她不滿意自己獲取別人讚賞的手段時，就會自暴自棄「糟蹋」自己。而現在，她以身體的病痛來讓家庭為她感到煩惱，令別人對她束手無策，她會哭泣，甚至以自殺作威脅。正值青春期的她拚命想要脫離被輕視的惡性循環，使我們很難讓她認清目前的處境。

四、青春期的性欲

近年來，在對待性教育問題上，有些人甚至到了喪失理智的地步：他們主張在每個年齡層都要進行性教育，並誇大性無知帶來的危險；而若我們觀察一下自己和他人過去在性教育上的經歷，就會發現，其實並看不出這些人所謂的問題與危險。

在孩子兩歲的時候，我們就應當告訴他們自己是男孩，還是女孩。並應當跟他們解釋，男孩長大成為男人，女孩長大成為女人，他們的性別是不能改變的。這些是個體心理學經驗指導的。孩子知道了這些，即使他們缺乏其他的性知識，也不會帶來什麼危險。只要讓孩子認識到，女孩的教育不能以男孩的方式進行，反之亦然。這樣性別角色就會固定在他的意識中，他也肯定會以正常的方式發展和準備自己的性別角色。相反，如果他認為透過某些方法就可以改變他的性別，那麼就會產生問題。

如果父母老是希望改變孩子的性別，也會給孩子帶來麻煩。《寂寞之井》就有對這個問題的精彩描述，父母經常樂於把女孩當男孩來教育，或把男孩當女孩來教育，甚或把自己的孩子女扮男裝、男扮女裝，為他或她拍照；或有些女孩長得有點像男孩，周圍人便以男孩來稱呼她，這些都是應當避免的，因為會給她帶來很大的困惑。

我們應當教育孩子男女平等，更不能主張男性優於女性的論調。如此不僅能防止女孩產生自卑情結，也可以防止男孩產生錯誤的性別觀。如果男孩受到的教育讓他認為男性更優越，他就會把女孩當作洩欲對象；而如果男孩認識到自己未來的責任，他就會以正確的眼光看待兩性關係。換言之，向孩子正確的解釋性知識和愛情觀、婚姻觀，才是性教育真正的問題。這個問題與孩子的社群感密切相關，如若他欠缺社群感，他就會完全從自我欲望的滿足上對待與性相關的事物，並玩世不恭。我們的文化大部分由男性主導，女性成了其中的受害者；而男性的損失，在於這種虛幻的優越感，使他們喪失了對最基本的價值的關注。

對於性教育的生理知識，我們可以等到孩子產生好奇時再告訴他們；若孩子太過羞怯而不願意提問，真正關注孩子的父母也會知道，什麼時候該主動告訴這方面的知識。若孩子直接詢問父母這方面的問題，顯示他把父母當作朋友，但我們要避免給予孩子可能刺激其性衝動的回答，而應用適於孩子理解的語言告訴他們。

與此相關的是，不必對孩子的性早熟過於驚慌。性發育很早就開始了，實際上，在出生後的數週就已經開始了。嬰兒肯定也能體會到性快樂，故有時他會故意刺激性的敏感帶。我們不必恐慌，但要盡力加以阻止，同時也不要把這個問題看得太過嚴重，因為孩子若發現我們對此類事情太過憂慮，他就會故意繼續這樣做，以引起關注。孩子這種行為常常會使我們認為他們已經淪為性欲的犧牲品，而實際上，他只不過把它當作炫耀的工具，這與孩子裝病是同一道理。

父母也不應太過頻繁地親吻和擁抱孩子，以避免刺激他們的身體，尤其是青春期的孩子。亦不要從精神上刺激孩子的性意識，孩子有時會在爸爸的書房裡看到一些輕浮、挑逗的圖片，這在心理諮商診所是很常見的案例。孩子不應接觸超越其年齡理解水準的性相關圖書，我們也不應該帶孩子去看關於性主題的電影。

如果想對孩子完全放心的話，只能盡量避免所有過早的性刺激，只需在恰當的時候給予孩子簡單的解釋，並不要刺激孩子的身體和性意識。最重要的，是不要欺騙孩子。如果孩子信任父母，也會信任父母對性的解釋，就會對來自同伴的性解釋大打折扣——我們百分之九十關於性的知識都來自同輩人，而家庭成員在回答性相關問題時所使用的各種託辭，常常比不上朋友間的相互信任。

倘若孩子的性經歷過早或是太多，很可能會對性喪失興趣，這就是為什麼要避免讓孩子看到父母做愛。如果可能，最好不要讓孩子和父母同睡一屋，更不要同睡一床。兄弟和姐妹也不要睡在一屋，並且父母要留意孩子的行為是否得當，也要注意外界環境對孩子的影響。

性教育與其他方面的教育一樣，最關鍵的就是家庭的合作、友愛精神。有了這種合作精神，就有了關於性別角色的知識，也有了男女平等的觀念，孩子將能很好地處理將來可能遇到的任何危險，準備好以健康的態度迎接未來的人生。

第八章　犯罪與預防

人類彼此間的差異並不十分顯著，但個體心理學能讓我們更了解各種不同類型。我們發現：罪犯和問題兒童、精神官能症患者、自殺者、酗酒者、性欲倒錯者所表現出的失敗，都是屬於同一種類的：他們每個人都缺乏社群感。

一、犯罪精神分析

每個人很小的時候，就建立起自己典型的生活模式，故要改變並非易事；唯有自身了解到建造時所犯的錯誤，才有機會真正的矯正。所以許多罪犯即使被懲罰無數次、受盡侮辱和輕視、乃至喪失社會生活的各種權利，仍一再犯下同樣的罪行。當人們生活負擔加重時，犯罪率也隨之提高，但這依舊不足以證明：經濟困難會導致犯罪。它只能顯示人們的行為受到限制。當生活中產生許多無法應付的問題時，有些人便開始犯罪了，一般情況下，在優越的環境中他們是不會犯罪的。犯罪的關鍵在於應付問題的方法，即生活的模式。從個體心理學的這些經驗中，我們最少可以獲得一個簡單的結論：罪犯對別人都不感興趣。而如果想解決，只有先考慮我們面臨的所有生活問題，以及罪犯也無法解決的問題。

個體心理學把生活問題分成三大類。第一類是和其他人關係的問題，也就是友誼問題。罪犯也有朋友，但他們無法與正常的社會人為友；第二類是和職業有關的問題。有些罪犯不願意像一般人一樣，努力與困難搏鬥，他們認為工作是非常辛苦的事。有價值的職業蘊含了對他人的興趣和對他人幸福的貢獻，但這正是罪犯人格中所缺少的，所以罪犯無法良好的解決職業問題，這就像是沒有學過地理的人卻在參加地理考試一樣；第三類是愛情問題。在幸福、美好的愛情生活裡，對配偶的興趣與合作非常重要。被送進感化院的犯人多半患有性病，這是一件非常奇怪的事。這個現象顯示：他們對愛情問題用的是一種簡單的解決方法，把愛侶當作是一宗可購買的財產。對這種人而言，性生活是征服、占有，而非伴侶關係。

「如果不能隨心所欲地得到我想要的東西，」有許多罪犯說道，「生活還有什麼意思？」

如今我們明白了一件事：在感化院裡鞭打罪犯是沒有任何作用的，我們該做的是矯正他們，教會他們合作之道。社會無法將罪犯完全隔離，他們雖然不是愚笨，也不是心智低下，但無法適應社會生活。如果我們接受了罪犯錯誤的個人優越感目標，便會認為他們的結論大部分都十分正確，例如有罪犯說：「我看到一個人有條很棒的褲子，而我卻沒有，所以我要殺死他。」即使我們明白他的行為是多麼地缺乏社會常識，但若我們拋開他不正當的謀生方式，並承認他的欲望，他的結論大概才是真正明智的。

匈牙利曾經發生一宗刑事案件：幾個婦人用毒藥共同犯下了許多樁謀殺案。當她們其中之一被送進監獄時，她說：「我的兒子病得奄奄一息，我只好毒死他。」如果她不願意再救他兒子了，她還能做些什麼？事實上，她是十分清醒的，只是她有著與一般人價值觀不同的錯誤判斷。

大多數罪犯都會有懦夫行為，他們逃避著自己認為不足以應付的問題，這可以從罪犯面對生活的方式與所犯的罪行裡窺見。懦夫模仿英雄行為的表現就是犯罪，他們追求著一種幻想出來的個人優越感目標，以為自己是英雄，但其實是一種錯誤的價值判斷，也是缺少常識的表現；而當他們認為自己鬥垮警察時，便會增加虛榮心和驕傲感，故常常會想：「我是絕不會被逮到的。」

假使對每一個罪犯的生涯仔細的探討，我相信一定會發現他們曾經犯過的其他罪狀。因為當東窗事發時，他們往往會想：「這次我失策了，下次一定要做得更乾淨俐落！」當他們認為自己達到了目標，並得意忘形地接受同伴的讚賞時，只是因為他們覺得自己是漏網之魚，而僥倖的心理會促使他們犯下更多的罪。

我們可以在家庭、學校、感化院裡做到：改變罪犯對其勇氣與機智的評斷方法。

現在要進一步討論會造成合作失敗的環境。有時候父母也必須負起這個責任：也許母親技巧不夠，不能使孩子和她合作；或母親在不愉快的婚姻中，不希望孩子的社群感擴展到父親與其他人身上；或者這個孩子一直是家庭中的霸王，直到他三四歲時另一個孩子出生了，他從王位上被逐下來，這些都是必須被列入考慮的因素。而若去追溯罪犯的生活，會發現從他早年的家庭經驗中已經出現了問題；但具有影響力的並不是環境本身，而來自於孩子對自己地位的誤解。

罪犯、精神官能症患者及自殺者大多數是這類人。如若一個孩子很有天賦且傑出，他會因此獲得更多的關注，但其他人也會因此拒絕與他合作，使他喪失足夠的信心。我們可以從孩子入學第一天的行為中看出他是否缺乏合作精神，例如無法交朋友、不喜歡老師、上課時漫不經心。如果老師不了解他，孩子可能會遭受新的打擊，不但受盡冷嘲熱諷，也得不到鼓勵，更無法學會合作。既無法對學校生活感興趣，他逐漸會將目標轉向無用的方面，對別人的興趣也將完全喪失。

貧窮很容易使人對生活產生錯誤的解釋。若家庭終日籠罩在愁雲慘霧，孩子需要自己賺錢維持家計，甚至可能遭遇社會方面的歧視。以後當他看到有錢人的奢侈生活，隨心所欲的買東西時，他會覺得：他們憑什麼能享受比我多。這就是貧富懸殊的大都市裡，犯罪案件特別多的原因：嫉妒絕不會產生有用的目標。這種環境長大的兒童會有錯誤的認知，對金錢的不勞而獲就是他們得到優越感的方法。

我認為：自卑感很有可能集中在身體的缺陷上。其實最初我在寫由身體引起自卑感和心靈上的補償作用時，我便發現了這種現象了。這種自卑感的產生不應歸咎於身體，而應歸咎於我們的教育方法，即如果我們用的方法正確，身體有缺陷的兒童對別人也會感興趣。假設有人真的患有內分泌腺缺陷，但我們絕對也無法說出：某種內分泌腺的正常作用應該是什麼樣子的。

所以，如果我們要找出正確的方法來使這些孩子們也成為良好的公民，並且有和其他人合作的興趣時，就必須先放下對身體缺陷先入為主的想法。

人類文明的重大遺憾之一，便是不能在孤兒間建立起合作的精神，私生子也是如此，但卻沒有一人挺身而出。被遺棄的孩子經常走上犯罪之途，尤其是當孩子知道沒有人想要他們的時候。罪犯之中常會發現容貌醜陋的人，這曾被用來證明遺傳的重要性。但設身處地思考就能明白：容貌醜陋的人其實是非常不幸的。也許他是不同種族的混血兒，因為外貌而遭受社會的偏見，整個生命都承受著重擔，甚至連美好的兒童時代都沒有；但假如用正確的方法善待這些孩子，他們依然能發展出社群感。

有時候我們也會發現，罪犯中也不乏有英俊瀟灑的男孩或是男人。這實際上是一件很有趣的事實：其貌不揚的人被認為是不良遺傳的犧牲品，天生就帶有身體上的缺陷——如手殘、兔唇等；而這些英俊的罪犯，則代表著他們是被寵壞的孩子。

二、罪犯的兩種類型

罪犯可以被區分為兩種類型：第一種人習慣把每個人都當作自己的敵人。這種人不了解所謂的同類之愛，因為他從未體驗過，故他無法發覺有人會欣賞自己；第二種人則是被寵壞的孩子。這類犯人經常埋怨：「我會有今天的下場，都是因為母親把我寵壞了。」

儘管罪犯所受的教養不同，但都沒學會合作之道是他們的共同點。父母可能曾經想把孩子教育成良好的公民，但卻不知從何下手，因此整天板著臉孔，事事吹毛求疵，那孩子絕對沒有成功的機會；如果父母驕縱他，讓孩子成為舞台上的主角，他就會認為自己很重要，而不願意作任何創造性的努力以博取同類的讚揚。這種孩子會失去奮鬥的能力，因為他一直希望有人來注意自己，期待不勞而獲；而若他找不到能滿足自己的簡單方法，就會開始責怪環境。

我們要討論的第一個個案，是從盧克夫婦寫的《五百種犯罪生涯》一書中選出來的——「百煉金剛約翰」的個案。這個男孩在檢討自己的犯罪生涯時說：「我從沒有想到自己會這麼自甘墮落。直到十五六歲時，我仍與其他孩子一樣，喜歡運動，也從圖書館借書來看，生活得井井有條。但是後來，我的父母卻讓我退學，要我去找工作，並且把我的薪水全部拿走，每個星期只給我五分錢。」目前我們只能斷定：他的家庭是不太和諧的。這些話都是他的控訴，但如果我們想進一步了解他的整個家庭情境，不妨詢問他與父母之間的關係，以便剖析他從前的真實體驗。

現在來看一本謀殺犯的日記：他在犯案之前，他會把自己的意圖記下來，例如他將如何殘酷地謀殺兩個人。這部日記給了我一個機會，讓我能準確的描述罪犯心中的計畫。沒有誰在犯罪前是沒有計畫的，而在計畫時，罪犯必然會對自己的行為給出一個合理的解釋。在這一類的自白書中，我從沒發現過誰將自己的罪刑描述得簡單明瞭，也沒有發現過不想替自己行為辯解的犯人。在此，我們可以看出社群感的重要性，因為即使是罪犯，也想和社群感協調一致；同時在犯案前，還要突破社群感的厚牆。因而在杜斯妥也夫斯基的小說中，主角拉斯科尼科夫躺在床上兩個月，考慮著他是否該去犯罪，最後他以此想法下定決心：「我是拿破崙，還是一隻虱子？」罪犯們時常用此類的想像來刺激、欺騙自己。事實上，每個罪犯內心都明白什麼才是真正的生活，也都很清楚自己並沒有過著真正的生活；但由於懦弱，罪犯卻對它置之不理。他之所以懦弱，是因為他缺乏成為有價值人才的能力。他對合作之道一竅不通，但生活中所有問題卻都需要與人合作。

下面都是從這部日記中摘錄出來的句子：

「認識我的人都背離我、討厭我、嫌棄我。我已成為眾人侮辱、謾罵的目標（明顯是個愛面子之人）。巨大的不幸幾乎將我毀於一旦。已經沒有什麼東西值得留戀，我再也無法忍受了。我應該聽天由命、任人宰割的，可是吃飯的問題怎麼解決呢？肚皮可是不聽指揮的啊！」

上述可看出，他已開始尋找託辭。

「有人預言我會死在絞刑台上。但話說回來，餓死和死在絞刑台上又有什麼區別呢？」

在一個個案裡，一個母親對他的孩子預言道：「我知道有一天你一定會絞死我！」而當孩子十七歲的時候，果然絞死了媽媽，可知預言和挑戰具有相同的作用。

「我已顧不得後果了。無論如何我總會死的。我一無所有，對別人也無可奈何。既然想要的女孩都避而不見我了……」

他想要勾引這個女孩子，可是他既沒有體面的衣裳，也沒有錢。他把這個女孩子看作一宗財產，而這就是他對愛情和婚姻間的解決之道。

「我只好使出同樣的手段，設法將她俘虜，否則我就徹底滅亡！」

這種人像小孩子一樣，不是什麼東西都不要，就是想得到每件東西，是很典型的激烈極端主義。

「星期四我將孤注一擲。祭品已經選下，而我靜待著時機的到來；當它來臨時，將是件沒有人能做得到的大事。」

他是自己心目中的英雄。

「那景象一定慘絕人寰，不是每一個人都做得出來的。」

他帶了一把小刀，殺死了一個大驚失色的人。這真不是每一個人都做得出來的事！

「像牧羊人驅策羊群一樣，飢餓也驅策著人們去犯下最黑暗的罪行。我不在乎再也看不到東升的太陽，因為我再也無法忍受飢餓的煎熬。我想，世上最可怕的事，也不過是挨餓的痛苦。我最後的苦惱將是接受審判，犯了罪當然要付出代價，不過死亡總比挨餓好；如果我餓死了，沒有人會注意到我，但如今有多少人都關注著我！也許有些人還會為我一揮同情之淚。我已經下定決心，必須去做！我也確信，沒有任何人曾經像我今晚一樣，這般害怕、徬徨。」

但事實上，犯人並沒有像他自己想像的那般英雄！審訊時他說：

「雖然我沒有擊中要害，我還是犯了謀殺罪。我知道自己注定要陳屍絞架了，只是遺憾別人身上的衣服都那麼漂亮，而我卻一輩子都沒穿過像樣的衣服。」

現在他關心的是衣服，而不再是飢餓了。

「我不知道我到底做了什麼事。」他辯解道。

罪犯辯解的方式、內容或許有所不同，但是總會上演這麼一齣；甚至有時罪犯在犯案前，會先喝酒以推卸責任。以上個案，都足以證明罪犯是如何努力的突破社群感這層厚牆。而我確信自己列出的各個要點，能體現在所有犯罪生涯的描述上。

三、解決犯罪問題的方法

解決各種問題需要合作的知識。對於犯罪問題，我們已經接近科學探討了，而如今要做的事，就是鼓起勇氣去面對事實。

人類經過了千萬年仍無法正確的解決犯罪問題，曾經的方法似乎都以失敗告終，讓這種悲劇始終伴隨著我們；但經過研究，我們已經找出這種現象的原因，只是從未採取措施來改變罪犯的生活模式、預防錯誤生活模式的發生。

罪犯的行為與一般人的行為一樣，都是人類行為合理演變的結果，這是一個非常重要的結論。假如我們了解犯罪本身並不是孤立的，而是受生活態度的影響；假如我們能看出這種態度是如何造成的，而不是把它視為根本解決不了的問題，那麼我們便能有足夠的信心來展開工作。

我們已經描述過這種阻礙與罪犯的母親、父親、同伴、周圍社會的偏見，以及困難環境等因素間的關聯，並發現：在形形色色的罪犯之間，在各種不同的失敗者之間，他們主要的共同點就是缺乏合作精神、缺乏對他人與人類的興趣；而若我們想要有所作為，就只能培養他們的合作能力，除此之外，別無他法。

罪犯與其他失敗者有許多不同的地方，因為他們長期處在反抗合作的環境中，並且像環境中的其他人一樣，已喪失了正常生活上、工作中能獲取成功的信心；但罪犯仍會進行某些特有的活動，但這些活動都被他投向生活無用的方面。他在這些無用的方面卻非常活躍，甚至能與自己同類的罪犯互相合作，這一點，罪犯與精神官能症患者、自殺者、酗酒者都不相同。但他的活動範圍卻非常有限，只把自己禁錮在狹小的天地裡。在這些環境中，我們可以看出他到底喪失了多少勇氣；而勇氣，就是合作能力的其中一部分。

罪犯日日夜夜都準備著犯罪，同時也在尋找不得不犯罪的理由、能減輕罪惡感的方式。要擊破社群感的厚牆並非易事，它具有相當大的抗拒力；但是假如他已計劃犯罪，那他一定得絞盡腦汁——或許是回憶自己受過的冤屈，或許是培養憤恨的情緒，以克服此障礙。這使我們了解罪犯，為什麼要不斷尋找解釋以堅定自己的態度，也有助於分析他為什麼總是一無所獲。罪犯以自己的眼光看世界，並對自己的論點準備了一世之久。而只要我們能發現他的態度是如何產生，就可以期許他的改變，而興趣也能讓我們更好地協助他解決問題。

當一個人欠缺勇氣面對困境，又無法輕易地解決問題時，他便開始籌劃犯罪。例如若一個人需要大量金錢，這種情形就極易發生。像所有的人一樣，罪犯也以安全感和優越感為目標，並希望能克服障礙；然而，他的追求卻在社會架構之外：他的目標是憑空想像的個人優越感目標，而達到目標的方法，是設法認為自己是警察、法律和社會組織的征服者。破壞法律、逃避警察、逍遙法外——這些都是他的自我陶醉。比方說，當罪犯毒殺別人時，他會相信這是屬於自己的巨大勝利，並會一直這樣欺騙、麻醉自己；而當東窗事發時，罪犯的想法通常是：「假若我再聰明一點，我就能逃過去！」因為在此之前，他曾成功逃出法網多次。

綜上所述，我們便可看出罪犯的自卑情結。當然，他還逃避著勞動的情境，並不願與他人有生活上的聯繫。他認為自己的能力不足以獲得成功，而他的不肯合作只會更增加自己的困難，故大部分的罪犯都是非技術性的勞工。他發起了一種毫無價值的優越感來隱藏自卑情結，他一直想像自己是多麼勇敢、多麼出類拔萃，但我們能把戰場上的逃兵稱為英雄嗎？罪犯沉浸在夢中，想盡辦法逃避面對現實。他常常想：「我是世界上最偉大的強者，我看哪個人不順眼，就可以打死他！」、「我比任何人都聰明，因為我做了壞事，卻依然逍遙法外！」

我們不妨來分析一下：在生命最初的幾年裡，心理負擔過重的兒童與被寵壞的孩子，是如何走上犯罪的道路。身體有缺陷的兒童需要特別的照顧，才能引導他們的興趣到別人身上；被忽視的、不受歡迎、不被欣賞或討人厭的兒童，也都處於類似的情境：他們沒有與人合作的經驗，也不知道合作可以使自己受人歡迎、贏取別人的情感，進而得到解決問題的方法；被寵壞的孩子從未被教育過：要憑自己的力量來獲取東西。他們以為只要自己開口要求，這個世界就會急於迎合他，若別人不順從他，他就會覺得不公，而拒絕合作。

在每個罪犯背後，我們都能追溯出諸如此類的過往。他們尚未受過合作的訓練，因而不具有合作的能力，一旦他們遇到問題，便不知如何應付。故我們該做的事情，就是教導他們如何合作。

現如今，我們有了充分的認識與足夠的經驗。個體心理學將能告訴我們如何才能改變每一個罪犯，但試想：要找出每一個潛在罪犯，並個別的矯治、改變其生活模式，是多麼艱巨的工作！很不幸，大部分人在困難度超過某一上限後，合作力就蕩然無存了；故在不景氣的時代，犯罪案件總是大量增加。假如我們要以此方式消除犯罪，大部分人都必須被矯治。我敢斷言：要立竿見影地把每一個潛在性罪犯都改造成循規蹈矩的人，是絕對辦不到的。

但是，我們還有許多能做的事情。為了減輕他們生活上的負擔，已經採取了某些措施，例如：失業與缺乏職業訓練的問題。我們應設法讓每一個願意勞動的人都獲得工作，這是降低社會生活要求，使人們不致喪失最後合作能力的唯一辦法。假如做到了這一點，犯罪案件必然會減少。而我們為使孩子未來能妥當地面對生活、擁有較大的活動空間，就應給予他們較好的職業訓練。

雖然我們不能個別矯治每一個罪犯，但我們卻能以集體矯治協助他們。比方說，我們能與許多罪犯一起討論社會問題，並提出問題讓他們回答，撥開心靈的迷霧，使他們從迷夢中甦醒。我們應使罪犯拋棄對世界的個人解釋，以及對自己能力的低估，並教他們如何消除對社會問題的恐懼感。

總而言之，如若一個人對他人不感興趣，也不想對團體有所貢獻，亦不願合作，那他的生活必是一片荒蕪、不留痕跡；只有講究奉獻的人，成就才會被保留下來，並且精神萬古長存。而若我們以此基礎來教育兒童，他們自然會很喜歡合作，有足夠的力量面對最艱難的問題，並以符合眾人利益的方式予以解決。

第九章　職業工作

人類之所以分工，那是因為我們需要合作，才能保障人類的幸福；假使每一個人都不願意合作，也不願繼承過去人類的成果，只想憑一己之力謀生，那麼人類必然沒有延續下去的可能。經由分工，我們可以利用不同訓練的結果，將不同的能力組合起來，對人類的幸福有所貢獻、保證人類的安全，並增加社會上的機會。

一、家庭的職責

能盡到母親的天職、且對人類生活有所貢獻的婦女，在人類的分工制度中占有崇高地位；假如她對子女的生活抱有濃厚的興趣，努力使其成為健全的公民，並拓展孩子的興趣，教導合作之道，那麼她對人類的貢獻更是不可估量。

在人類文化中，母親的工作價值經常被低估，並被視為不是很吸引人，或很有尊嚴的工作，她們只能獲得間接的報償，而以家庭作為重心的女性，通常在經濟上也無法獨立；然而，一個家庭的成功與否，母親的工作是非常重要的。不管在主持家務、出外獨立做事，丈夫的職業地位並沒有高於妻子。

首先影響子女職業興趣發展的人就是母親。在生命最初四、五年間，孩子受到的訓練和努力，對成年後的活動有決定性的影響。每當有人來尋求職業輔導時，我總會問他一開始的情形，以及第一年時對什麼東西最感興趣。他對這段期間的記憶，顯示出他一直是以什麼思想來訓練自己，以及他的原型及直覺。

訓練由學校來執行，學校必定會加強關注兒童未來的職業，並訓練他們眼、耳、手等官能性的技巧，且這種訓練與一般學科的教學同樣重要的，但我們仍不可忘記：一般學科對兒童的職業發展也有不可磨滅的重要性。我們經常聽到人們在以後的生活中說，他們已經把從前所學的拉丁文或法文完全忘光了。

即使如此，這些科目仍然是必須具備的，因為我們從經驗總結出：研究這些科目時，心靈的各種功能都有機會受到訓練。會特別注重學生的職業與工藝訓練，乃是新式學校特有的規定，這對提高學生的自信心亦十分有幫助。

二、興趣的訓練

預測孩子的發展並不困難，因為他們在兒童時期便已決定好將來的職業了。如果我們問孩子：「你們以後想做什麼？」他們的回答大多沒有經過詳細考慮：當他們說以後要當飛機駕駛員或司機時，自己也不知道為什麼要選擇這種職業。而我們的工作就是要找出其潛在動機，以發掘他們應該努力的方向、推動他們前進的力量、他們的優越感目標，以及能具體實現的方案。孩子的回答能讓我們知道：他認為哪種職業是最優越的。而由此職業，我們方能找出幫助他抵達目標的方式。

有些孩子在十二歲至十四歲時，已大致清楚自己將來要從事什麼職業；但另一些孩子，在這期間仍不清楚未來的道路。這種孩子表面上雖然缺乏雄心，但並不表示對任何事都不感興趣；也許他野心勃勃，但卻沒有足夠的勇氣公諸於世。在這種情況下，我們必須耐心的尋找他的興趣並加以訓練。

有些孩子雖然品學兼優，但在結束高中學業之後，對自己的未來仍然拿不定主意，而如果多加注意就能發現：這些孩子大多野心勃勃，卻不肯與人真正合作，故無法在分工制度中找到實現野心的方法。因此，早點詢問孩子想從事的職業是很有必要的。我時常向學生們提出這個問題，以免他們將答案遺忘或隱藏；而當我問他們選擇職業的理由時，他們也會很仔細地告訴我。我們可以從孩子們對職業的選擇中，看出他完整的生活方式、他主要的努力方向、他認為生活中最有價值的東西是什麼。我們不應該干涉他的選擇，因為並沒有哪種職業比較高尚。如果他腳踏實地工作，且致力於幫助別人、奉獻自己，那麼他便和其他人一樣有價值。他唯一的職責就是訓練、設法支持自己，並在分工的架構中安置好自己的興趣。

不管選擇了哪一種職業，對有些人來說都無法滿意，因為他們想要的是保證其優越地位，而不是想從事一種職業。他們不希望應付任何生活問題，因為他們認為：生活根本就不應該向他們提出問題。這些人也是被寵壞的孩子，他們只盼望能獲得資助。

對於大部分的人來說，他們雖然對自己摸索出來的職業方向感興趣，但由於經濟因素或家庭壓力，不得不去從事另一個不感興趣的職業。這件事情更能證明兒童時期訓練的重要性，在職業輔導中，最初記憶是不可忽視的：如果我們在一個孩子的最初記憶中，發現他對視覺的事物有興趣，我們便能推測他可能適合依賴視覺的職業；有些孩子也許會提起某人對他說話的印象，或是描述風吹、鈴響的聲音，我們便知道他是屬於聽覺型的，可能適合從事音樂有關的職業；甚至還會發現關於動作的印象，而對戶外工作或旅行職業較感興趣的人，一般都是偏好活動的。

希望超越家庭中的優秀成員，尤其是想超越父母的成就，是人類最常見的努力方式之一。這是一種很有價值的努力，我們也很樂於看到孩子們青出於藍，而勝於藍；而假使一個孩子希望在自己父親的行業中勝過父親，父親的經驗便能供給他一個很好的開始。一個孩子的父親如果服務於警界，孩子通常會有成為律師或法官的野心；假使父親是診所的醫師，孩子很可能未來也想當醫師；如果兒子希望將來能成為大學教授，也許是受父親是教師的影響。

在觀察兒童時，經常可以看到他們試圖扮演生活中的某種行業。比方說一個孩子希望成為教師，他就會帶領著一群孩子玩扮演師生的遊戲；希望成為媽媽的女孩，會喜歡玩洋娃娃，並培養自己對嬰孩的興趣。有些人以為：假使我們給女孩洋娃娃，會使她們脫離現實。但其實她們是在使自己認同母親；一些孩子對機械或技術有濃厚的興趣，這能指引他們完成心願，且將成為未來生活中良好的職業基礎。孩子應該早點練習這類的活動，因為若晚了，興趣就會固定而不易改變。

還有一些孩子，只是對跟隨一位領袖表現出熱烈的意願，因為他們不願指揮別人。這並不是一種良好的發展，而假使他們能降低這種卑順傾向的話，我們會非常高興；但若不能使之消止，這種孩子在未來的生活中不會居於領導地位，而會選擇小職員的職位，從事一些所有事都已被人預先安排好的例行工作。

曾經歷過生病或死亡等問題的兒童，對這些經驗會保留濃厚的興趣，常常會希望能成為醫師、護士或藥劑師。我認為應該加以鼓勵他們，因為擁有這種興趣而成為醫師的人，大都很早就開始訓練自己，並且非常的喜歡自己的行業；而有時，死亡的相關經驗也可能以另一種方式補償，一些孩子可能獻身於宗教事業，而有些則以文學或是藝術創作為志。

在生命的早期，我們就已形成了逃避就業的習慣，如：好吃懶做，游手好閒等；而當我們看到這樣的孩子在生活中逃避困難時，必須以科學方法找出錯誤，並予以糾正。倘若我們居住在一個四體不勤、五穀不分，能隨心所欲獲得任何東西的星球上，那麼懶惰可能成為美德，而勤勞則為人不齒；然而，從我們和地球間的關係來看，對職業問題合乎邏輯且符合常識的解答，就是必須工作、合作和奉獻。

三、興趣培養了天才

我認為：人們之所以稱其為天才，因為他（她）是對人類的共同福利有傑出貢獻的人。我們無法想像沒有留下絲毫利益的天才究竟是什麼樣子。

藝術是人類才華的偉大結晶，天才提高了人類的整個文化水準。在荷馬的史詩中只提到三種色彩，並以這三種色彩描述所有顏色的區別。當時的人們已經注意到更多的色彩，但是色彩間的差異對一般人來說似乎是微不足道的，故沒有為它們命名的必要。而是誰教我們分辨出各種色彩，並賦予它們名字呢？我們理應說：這都是畫家與藝術家的功勞；而提高我們感官的精密性，當然是作家們的成果；我們如今能用和諧的音調代替原始人單調的聲樂，都是音樂家們所賜，他們潤澤了我們的心靈，並且教我們如何訓練聽覺；又是誰增加了我們心靈的深度，讓我們談吐幽雅，思想深睿？是詩人。詩人潤飾了我們的語言，使之更富於彈性，並適用於生活的各種用途。

天才是最樂於合作的人，也許在他們的行為和態度方面，看不出其合作能力，但卻能從其整個生命歷程中看出來。他們不如其他人易於合作；他們的路途險阻較多；他們的起點經常有著器官上的缺陷。幾乎在所有傑出者的身上，都能看到某種器官上的缺陷，因此我們都能得到一種印象：他們在生命開始時便命運多舛，他們卻掙扎著克服了這種種困難。我們尤其能注意到他們的興趣很早就已指明，以及他們在兒童期是如何刻苦地訓練自己。他們磨練著理性，拚命接觸世上各種問題，並加以理解。在這種早期的訓練中，我們可以看出：他們的成就與天才，並不是遺傳或上蒼賜予的，而是由自己闖出一片天；並為了造福後世，而更加努力奮鬥。

未來成功的基礎離不開早期努力。如若讓一個三、四歲的小女孩獨自玩耍，也許能觀察到她為洋娃娃縫製一頂帽子。若我們此時讚揚她幾句，並告訴她如何才能縫得更好，她受到激勵後，會更加努力改進其技術；但假使我們對她喊：「放下那根針！妳要刺到手了！妳根本不需要自己做帽子，我們出去買一頂更漂亮的！」她便會馬上放棄掉她的努力。

假如我們生活中有兩個這種女孩，我們便可發現：第一個也許已是一位專業的縫紉人士；第二個總是認為買的東西比自己做的好得多，而那是因為她從來不曉得自己究竟能做到多好。

若孩子只憑收入的多寡來看待職業，多數是由於家庭中過分強調金錢價值的結果。這是一種很大的錯誤，因為這種孩子遵循的不是什麼能貢獻於人類的興趣；當然，每個人都應該能謀得所需的金錢，忽略了這一點的人也會成為別人的負擔。但只對賺錢有興趣的人，必定與合作背道而馳，而只追求個人利益。如果「賺錢」是他唯一的目標，其社群感將煙消雲散，就有可能用搶劫或欺詐來獲得錢財；即使情況不這麼極端，他的目標中還包含有少量的社群感，那即使他腰纏萬貫，他的所作所為對別人仍然毫無益處。

在我們這個光怪陸離的時代，致富之道千千萬萬，即使是旁門左道，也能帶來巨富。儘管我們不能斷言有所不為、剛正不阿之人一定能成功，但我們堅信他能不失自尊，並保持勇氣不滅。

利用事業忙碌作為逃避愛情和婚姻問題的藉口，在社會裡是經常發生的事，甚至會被當作失敗的脫身之詞。一個狂熱地獻身於事業的男人，可能會想：「我沒有時間花在我的婚姻上，因此我不應對它的不美滿負責。」尤其是在精神官能症病人之間，愛情和社會這兩個問題，他們會竭盡全力逃避。他們若不是迴避異性，就是用錯誤的方法接近對方；他們沒有朋友，對別人也不感興趣；他們只是日以繼夜地工作，不僅白天想，晚上做夢時也在想；

他們長期處於緊張狀態中，結果精神壓力引發的疾病，例如胃潰瘍出現了。如此，他們更能以胃部疾患，作為推辭愛情和社會問題的藉口了。

我們對問題兒童的第一步動作，是要找出他們的主要興趣，如此接下來，就很容易給予整體性的鼓勵；若是未能找到合適職業的年輕人，或是在職業上失敗的中年人，應該先找出他們真正的興趣，並以此對他們做職業輔導，再幫他們尋找就業機會，但這並不是件容易的事。

在我們這個時代，失業問題相當嚴重，因此努力降低失業率，使每個願意勞動的人都有工作做，這是所有了解合作重要性的人應該做的。我們能以增設職業學校、技術學校以及成人教育等方法進行推廣。有許多失業者都是無一技之長的人，他們也許是從未對社會生活從感興趣，而社會上那些不學無術的分子、對共同利益不感興趣的分子，都是人類的一個負擔。這些人認為自己屈居人下，不如別人。因此，我們不難了解：為什麼罪犯、精神官能症患者以及自殺者，大多數是知識程度較低的人——因為他們缺乏訓練，所以總是落在別人後面。故為了使孩子在進入成年生活時，能在分工制度中占有一席之地，作為父母、教師，以及所有對人類未來發展感興趣的人，都應當努力加強、接受更好的訓練。

四、教師與家長的責任

在現代社會與經濟的條件下，大城市孩子的教育責任主要還是由教師承擔。父母和教師對教育工作都是有所貢獻的：父母糾正學校教育的不足，教師則矯治家庭教育的缺陷。然而父母對新觀念沒有教師敏感，因為教師的職業興趣就是孩子的教育，而個體心理學把為孩子能作好準備的希望，寄託在學校和教師的改變上，但其中亦不可缺少家長的合作。

教師具有糾正性意義的工作，就是以家長某方面的教育失敗為前提。因而教師在工作中，時常會與家長發生衝突。在這種意義上，教師的教育是對家長的指控，且家長大多也抱持著此種看法。

教師究竟該如何處理與家長的關係？下面就來探討這個問題，而這種探討自然是從教師的角度出發，因為教師必須將與家長的交流視為一種心理問題；如果家長看到以下探討請不要生氣，因為這只適用於那些不夠明智的家長。

與問題兒童的父母交流，遠比與問題兒童本人交流困難得多，這是大多數教師的一致看法。這個事實表明：教師需要運用一定的策略與這些家長交流。而教師必須有這樣一個概念：即家長不需要為孩子的所有毛病負責。家長不是富有技巧的專業教育者，通常也只是按照傳統來指導和管理孩子；他們經常感覺自己像是被指控的罪犯，因為自己是為了孩子的問題被召喚到學校。這種情緒反映出他們心裡的內疚，因而教師需要有策略地對待他們，盡力把家長的情緒轉變為友好、坦率，使自己成為一個幫助者，讓他們理解自己的善意。

即使在有充足理由的情況下，也絕不該責備家長；而如若想獲得更多的教育成就，應當要改變父母的態度，使他們能依照我們的方法行事，甚至可以與家長達成一種協議。我們所要做的是讓他們採取新的方法，居高臨下地告訴家長這裡做錯了，那裡也做錯了，只會冒犯他們，使他們不願意合作。

一般情況下，孩子變壞是有一個過程的，並不是只有結果的那一瞬間。家長通常也會認為，自己對孩子的教育中忽視了什麼，但千萬不能讓他們感到我們也是這樣認為；不能以絕對地、教條式地和家長談話，即使是提建議，也不應用權威的口吻，而是用「可能」、「也許」、「你也許可以這樣嘗試一下」等；即使我們知道他們的錯誤在哪兒、如何糾正，也不要貿然提出，讓家長覺得我們似乎是在強迫他們。

這並不是每個教師都懂得這些策略，也不是說這些一下就能掌握。有趣的是，富蘭克林曾在自傳中表達了同樣的思想：

「一個公益會教派的朋友曾好心告訴我，我被普遍認為是驕傲的，而這種驕傲經常表現在談話中，表現在討論問題的時候，不僅滿足於自己，還有點咄咄逼人和飛揚跋扈。他還舉出數例來證明我的驕傲。於是，我決定盡力改正這種毛病或愚蠢品性，當然，我的毛病並不止這一個。於是，我便在自己的道德清單上加上了謙卑這一條，我指的是廣義上的謙卑。」

「我只是做到有謙卑的樣子，是否具有了謙卑的美德，我卻不敢自吹自擂。我給自己定下了規矩：絕不直接反對別人的觀點，也絕不直接肯定自己的看法。我甚至逼迫自己認可我們圈子裡的古老信條，在表達一個確定的觀點時避免使用『肯定』、『當然』、『我認可』或『毫無疑問』等字眼，而是要使用『我認為』、『我的理解是』、『我想事情可能是這樣』或『目前在我看來』。

當有人提出一個我認為是錯誤的觀點時，我沒有直接與他對抗，而是避免當場指出他觀點中的荒謬之處，並回答說：『你的觀點在有些情況下有其合理之處，不過，在我看來，目前的情況似乎有點不同。』而這種變化的益處，很快便被我發現了，這使我與他人的談話更加愉快、輕鬆。我以這種謙卑方式提出的觀點，也更容易讓別人接受，反對的意見也少了；即使自己錯了，也不會太過羞愧；如果自己碰巧正確，我也更容易說服別人放棄自己的錯誤觀點，而站到我這一邊。」

「我不得不壓抑自己的自然傾向，來表現我那種謙卑的為人，剛開始任何人都不習慣的，不過，習慣成自然便好。或許，這也是為什麼五十年來，無人聽到我說一句教條式話語的原因。我早年提議建立新制度或改造舊制度時，民眾曾產生重大的反應；後來我成為議員時，也曾對議會產生很大的影響，均受益於這種謙卑習慣（當然更得益於我的正直）。事實上，我只是一個拙劣的演說者，表達的既不準確，更談不上擅長雄辯，遣詞造句時常也會頗感猶豫。但是，我的觀點一般都會得到認同，這是我確信無疑的。」

「實際上，驕傲是最難制服的情感。儘管我們掩蓋它，和它搏鬥、打倒它、阻止它、克制它，它卻總是不肯滅亡，並隨時會抬頭露面，發芽滋長；我們會在歷史中經常看到它。甚至即使我們認為自己完全克服了驕傲，我們也有可能因為自己如今的謙卑而驕傲。」

然而，並不是所有的生活情境，對這些話都能真實的體現，我們既不能對此期望，也不能對此要求。但是，這個咄咄逼人、力圖致人於死地的做法不僅不合時宜，而且無效，這就是富蘭克林給予我們的啟示。生活中沒有適合所有情境的基本規律，每個規則一旦超出自身的限度，就會無效。確實，生活中有些情境需要激烈的措辭，不過如果我們考慮到教師，與因為自己孩子而感受到羞辱的家長之間的情況，那麼為了幫助這個孩子，必然要採取富蘭克林的方法。

此時若找出一個能幫助孩子的有效方法，即使遇到再多的困難也必須去做。在這種情況下，一般來說不要去證明誰是正確，顯示自己的優越。許多父母聽不進任何建議，他們會感到吃驚、憤怒、不耐煩，甚至表現出敵意，因為教師把他們與孩子置於一種令人不快的境地。這種家長無視自己孩子的毛病，逃避現實，但如今卻被迫要正視問題。因此可以想像，當教師倉促或過於急切地和家長談論孩子的問題時，就很難贏得家長的支持，甚至許多家長會走得更遠，甚至對教師大發脾氣，顯示出一副不容接近的樣子。

這時最好向家長表明：教師的教育成功與否，取決於他們的協助。最好使他們情緒安定，能夠友好地與教師談話。我們應當了解，家長受到陳舊教育方法與傳統觀念長期的局限，要想他們一下子從中解脫出來是很困難的。

我們知道，孩子與成人對困難的反應大相逕庭。對孩子進行再教育，必須認真且謹慎，在重塑他們的生活模式之前，要理性地探討可能的結果。只有那些對孩子的教育和再教育會深思熟慮和客觀判斷的人，才能更明確地把握教育的過程，從而取得良好的效果。教育工作的基本要素是勇氣與實踐，以及不可動搖的信念，即使遇到再大的困難，也要能找出挽救兒童的方法。首先，我們要遵循一個古老且很有見地的法則：即越早越好。習慣把人視為一個整體、並把人的毛病視為整體的一個部分的人，將比那些習慣根據機械、僵化模式來對待孩子毛病的人，更能理解和認識孩子。比如：後者若是發現孩子沒有好好地做家庭作業時，便會立即告訴家長。

我們正向一個對兒童教育不斷有新理解、新觀念和新方法的時代邁進，科學正在破除陳舊的教育習俗和傳統。這些新知識把教師置於一個更重要的地位，也使他們更加理解兒童的問題，賦予他們更多的能力去幫助孩子。而我們不應忘記：脫離整體人格的單一行為是沒有意義的；而若想對行為加以研究，必得將它置於整個人格之中。

第四篇　個體心理學

在個體心理學中，我們把每一個反應、每一個衝動、每一個活動都看作是個體生活態度的外顯部分，並且嘗試把個體生活看作成一個整體。從實際觀點來說，這樣的科學是必須的，因為靠著知識的幫忙，我們才能修正自己的態度。因此從某方面來說，個體心理學具有預言的意義：它不僅能預言會發生什麼，甚至像預言者約拿一樣，也能預言什麼事情不會發生。

第一章　真正的科學

偉大的哲學家威廉·詹姆士（William James）曾經說過：「唯有直接與生活有關的科學，才是真正的科學。」曾經也有人說，在與生命有直接關係的科學中，應用和理論幾乎是相輔相承、不可分離的。生命科學的理論因為都應用在生命的活動上面，因而變成了生活科學，這些要點為個體心理提供了特殊的力量。

一、個體生活目標

為了解創造生命力量的努力，便逐漸形成了個體心理學。創造生命的力量，表現在發展、爭取和成就的欲望上，甚至一方面補償失敗，一方面爭取成功。這個力量的目的是爭取目標，而在爭取目標時，身心的活動都需要合作，因此只抽象地研究身心情況，而不與整個個體產生關係是很荒謬的。

比如，在犯罪心理學中，通常我們關注犯罪本身更甚於關注罪犯；但實際上，真正重要的應該是犯人。若我們僅把犯罪當作一個特殊個體的插曲，我們很可能永遠不能了解犯案的真實原因，因此，我們必須將它視為一個整體。從同一個行動的表面來看，在某一事例上可能有罪，但在另一事例上卻可能無罪，重要的是要了解個體行為的前後關係——即個體生活的目標。這個目標說明了罪犯一切行蹤的方向，也使我們可以了解各種行動（我們把它們看成整體的一部分）的隱含意義；反之，在我們研究部分（如若我們把它們當成整體中的一部分來研究）的同時，也會對整體有較深入的了解。

對於心理學的興趣是由行醫發展而來的，這只是以我個人來說；但若想多了解心理事實，必然要提供行醫的目的，或是有目標的觀點。在醫學上，我們看到所有的器官都奮力向一個特定目標發展，它們具有特定的形式，臻於成熟；甚至當器官損壞時，身體必定會用盡全力來克服這個缺陷，以取代損壞的器官。生命的力量不可能不經掙扎，就向外在的挫折認輸。

如今的心理活動類似於器官生命的活動。在每一個心靈中，都藏有目標或理想，以期許能超越目前的情況，並指示出一個目標來克服目前的困難。藉著這個目標，個體可以感覺到自己已超越了困難，因為他對未來早已成竹在胸；而若沒有目標，個體的活動便不具有任何意義。一切的證據都指出：這個目標必須在生命的早期，即孩童期就已產生。一種成熟人格的原型已經開始發展，我們也不難想像這樣的過程是如何發展：一個孱弱的孩子感覺自卑，再也無法忍受的維持現況。因此他奮力發展，拚命朝自己選擇的固定目標前進。而此時，發展的所需的材料比不上目標重要，目標的存在是顯而易見的，並掌握著孩子的所有活動。

在兒童早期，對力量、衝動、理性、能力或無能的了解太少，也沒有方法可以了解，因為唯有孩子固定了自己的目標後，才能建立明確的方向。我們之所以能猜出可能會發生的事，是因為曾看過生命的某種傾向。當一提到「目標」這個字時，讀者就容易有一種朦朧的印象：這個意念需要予以固定，並且歸根到底；具有目標，即希望能像上帝一樣偉大。如上帝般偉大當然是最終的目標——目標中的目標；而在孩子試圖扮演完美的上帝時，教育家必須叮嚀他們小心謹慎。

事實上，我們發現孩子的發展過程中，有一種更為固定而即時的目標：他們會在周圍尋求最強壯的人，作為他們的目標。這個人可能是父母，我們曾發現，甚至一個男孩也可能會因為母親的影響而模仿她，如果母親是最強壯的人的話；而後不久，孩子便開始想當馬車伕了，因為他們確信馬車伕是最強壯的人。當小孩子最初感知到這個目標時，就會行動、感覺、模仿馬車伕的穿著，並學習一切跟這個目標有關的特性；但只要警察揮一揮手指頭，馬車伕就一文不值了……不久之後，理想可能是希望成為一個醫生或教師。此後他們又開始認為，教師才是一個強壯的人，因為教師有權懲罰孩子。

我們發現孩子們選擇的目標，一般是他們的社群感，且常會選擇一個具體的象徵作為他們的目標，例如：

當一個男孩被詢問將來要做什麼時，他說：「我要當一個劊子手。」這顯示出他的社群感，即孩子希望能成為生命與死亡的主宰——屬於上帝的角色。他希望比社會更具力量，因而朝著無用的生命發展；成為醫生的目標，亦是圍繞著成為生命主宰的願望，但此目標是透過社會服務來達成。

二、個性的發展

一般情況下，個體通常會在早期人格的原型形成時，建立、固定傾向，它使我們能夠預知生命的後期將會發生什麼；孩子們並不會感覺既存的情境，而會根據個人的統覺，也就是說「以自己的興趣偏好來感覺情境」。

一些有器官缺陷的孩子，時常把自己的經驗與缺陷器官的功能連繫起來。這使我們發現的一個有趣的事實，舉例來說：腸胃有毛病的孩子對吃有反常的興趣；視覺有缺陷的孩子對視覺的事物更為關注。這個關注是個人的統覺一致，並且所有人都有這種統覺，因此可以說：若要發掘一個孩子的興趣，只要確定他的哪個器官有缺陷就行了。

但事情並非這麼簡單，孩子並不會以觀察者的視角來面對器官缺陷的事實，而是根據自己的統覺。因此，當外在觀察出的缺陷不再給予統覺任何暗示時，那器官缺陷的事實便成為孩子統覺中的其中一個要素。

孩子與我們一樣——不能接受絕對的真理，且沉湎於萬物相對的統覺中；即使是科學，也無法有絕對的真理。若要根據普通常識，即代表任何事都不斷在改變，而若能以小的過錯來代替大的過錯，已可以滿足。人都會犯錯，重要的是我們能夠更正錯誤，且在原型形成期較為容易更正；而一旦發現錯誤，必須及時糾正，否則以後就要回憶當時的整個情境。假如我們要治療一個精神官能症患者，要探究的並非是他的後期生命，而是要發現他早期生命在建立原型時犯的根本錯誤；若能發現那個錯誤，即能以適當的治療予以更正。

對個體心理學而言，會因此減少遺傳問題的重要性。一個人遺傳了什麼並不重要，重要的是他在生命的早期做了些什麼——即孩童時期建立的原型。遺傳性質當然必須為繼承的器官缺陷負責，但我們的問題已除去特殊的困難，並將孩子放置在一個有利的情境中。事實上，在此我們很有利，因為當我們看到缺陷時，馬上就知道該如何行動。一個沒有任何遺傳缺陷的健康小孩，也許會營養不良，或在接受教養時產生很多的毛病，這些都是常見的現象。

讓我們來看看，個體心理學對教育和訓練精神官能症患者的計畫——包括精神官能症的小孩、罪犯、想要藉酒逃避生活的酒鬼。我們首先要了解他們何時會引起麻煩，如此才能簡捷地糾正他們的錯誤。一般在這種事情發生前，我們調查時會發現——病人還沒有為新情境作好準備。

只要在一個對他有利的情境下，原型的錯誤就不明確，因為每一種新情境都具有實驗性質，而他會根據原型所創造出來的統覺行動。且他的反應不只是行動而已，還具有創造性，並與他生命的目標一致。經驗教導我們，在學習個體心理學的早期，要降低遺傳的重要性，以及重視整體。我們認為原型在解答經驗時是以統覺為根據，而為了獲得正確的解答的，必須努力研究統覺。

三、自卑感與社群感

孩子的心理情況是很重要的，尤其是器官天生有缺陷的情況下。這些孩子被置於一個更艱難的情境下，顯示出更強烈的自卑感。在原型形成時期，他們對自己的興趣就已超過他人，並希望能繼續保持到生命的後期。器官的卑下並不是造成原型錯誤的唯一原因，其他情況也會導致此種錯誤。舉例來說：被縱容的孩子和被憎恨的孩子。我們前面已仔細地描繪這些情況，並提出實際的個案，說明這三種特別不佳的情況——具有不完整器官的孩子、被縱容的孩子以及被憎恨的孩；而殘缺的孩子在其成長的環境中，永遠都學不會獨立自主，不僅人格成長不健全，並且不斷地感到害怕。

社群感是我們關注、治療和教育患者最重要的部分。社群感必須一開始就產生，而唯有勇敢、自信、心安自得的人，才能不受生活條件好壞的影響，順利存活；他們知道有困難，但也知道自己一定能克服；他們已經準備好應付生活上的一切問題，這些問題無疑都是社會問題。從人類的立足點來說，準備社會行為是必須的。我們提到的三種孩子，發展出了一種比較沒有社群感的原型，他們沒有完成生命所需要的工作，以及解決困難的心理態度，並感覺遭受挫折。

原型對生命的問題抱持著錯誤的態度，進而在無用的生命上發展人格；換言之，讓這類病人在有價值的生活中發展自己的行為，並對生活和社會建立正確的態度，就是治療這類病人的目標。他們之所以朝向無用的生命發展，是因為缺乏社群感。缺乏社群感的人就是那些有問題的小孩、罪犯、發瘋的人和酒精中毒者。以他們的病例來說，我們尋找一種方法，能引導他們回到有用的生活中，並使他們對別人產生興趣。由此看來，「社會心理學」就是我們所謂的個體心理學而已。

第二章　個體與環境

個體受環境的影響是顯而易見的，例如家庭環境的影響；而事實上，家庭的影響對個體而言非常重要，促使個體在四、五歲時建立起原型。

一、心靈的溝通

我們若觀察，一個人格發展不健全的孩子在家庭中的表現，便會發現他具有強烈的自卑感。這些孩子具有精神官能症患者的特徵——我們可以說是他本人的心靈態度。

舉例來說，在強迫症的病例上，病人知道一直數窗戶是沒有用的，但他就是沒辦法停止，而健全的人絕不會有如此舉動；而病人對事物特殊的了解與話語，也是不健全的特徵，因為正常的語言代表著對社會的濃厚興趣。

藉著一般常識，我們能區別好壞；但當我們處於一個複雜的情境下，很容易就會犯錯，但我們若擁有一般常識，錯誤自然會糾正過來。而那些只追求個人興趣的人，無法像普通人一樣區分優劣，他們寧願相信自己的無能，也不願將自己的舉動暴露在觀察者面前。

讓我們來評斷罪犯的行為——若我們詢問一個罪犯的智力、理解力和動機會發現：罪犯總是認為自己的罪行既聰明又富英雄氣概。他相信自己達到了優越感目標，即變得比警察更聰明、能凌駕他人。因此他認為自己是個英雄，看不出自己異於常人的行動，絕不是英雄的行徑；他不明白，自己之所以全心投入在這個無價值的生活上，是因為缺乏勇氣。那些漸漸傾向於無價值事物上的人，因為害怕黑暗和隔絕，所以才與他人混在一起，這顯示出他的膽怯；實際上，若能使每個人都明白犯罪只不過是膽怯的表現，也許這就是遏止犯罪的最佳方法了。

有些罪犯也許會在後期，找個工作、結婚並成為一個公民，而這種情形，一般在三十歲時才會出現。但為什麼會如此？我們且來看看：一個三十歲的小偷，怎能跟一個二十歲的小偷相比？後者較為聰明強壯，且三十歲時，罪犯已被迫過著與從前不同的生活。故如果罪犯不再犯罪，並認為「退休」更舒適的話，那是因為犯罪的職業已不再有利了。

另一個與犯罪有關的是：如果我們只是加重懲罰，而不是使罪犯害怕的話，會使他更相信自己是一個英雄。罪犯的世界以自我為中心，故他永遠找不到真正的勇氣、自信、共同感知，或對一般價值的了解，而這種人無法融入社會。精神官能症患者，例如廣場恐懼症患者與其他不健全的人，他們很少參加聚會；問題兒童與有自殺傾向的成人很少結交朋友——這個事實無法得到精確的解答，但其中一個原因，是他們在早期生活裡，會採取自我中心的生活方式；他們的原型之所以追隨著生活無用的方向，因為目標是錯誤的。

二、家庭的影響

找出個人發展中遭遇的困難，是找出社群感後的下一項工作。這兩項工作乍看互相混淆，但其實並不複雜難懂。我們知道，每一個被縱容的孩子，都會成長為懷有恨意的小孩，故社會與家庭都不願再予以縱容。一個被縱容的孩子到了學校，即到了一個新的社會情境，得面對新的社會問題；但他的經驗不足以讓自己適應學校生活，因而他不願與新同伴玩耍或是寫字。事實上，他在原型形成期的經驗，使他害怕此種情境，並會尋求更多的縱容。這種特性並非遺傳而來——絕對不是——我們能從他原型的性質與目標的知識中推斷；這種人具有朝向自己目標發展的特殊性格，不可能再朝向其他方向。

前文說過，在孩子四歲或五歲的時候，原型已經建立，而我們必須尋找此時前後的印象，且這些印象與正常成人的觀點大相經庭。

由於父母的過度懲罰或濫施權威，使孩子產生壓抑之感。這是對孩子心靈最常見的影響，孩子會因此力求解放，甚至表現出心理排斥的態度。我們發現：脾氣暴躁父親所生的女兒，常會有排斥男人的原型；被嚴厲母親壓抑的男孩，會排斥女人。而這種排斥會以不同的方式表現出來。舉例來說，這個孩子可能會變得害羞，或者相反，變得性欲異常（只是排斥男人的另外一種方式）；這種淫蕩並非遺傳，而是由圍繞孩子多年的環境所導致。

孩童時期的早期錯誤要付出巨大的代價；而儘管明知如此，孩子仍然只能親身嘗試。因為父母不知道，或不會向孩子承認他們經歷過的成果，孩子便無法接受引導。

在討論這個問題時，應當避免警告或是勸解，甚至避免過分懲罰。當孩子與成人都不知道如何改變時，什麼也無法達成。而孩子若不了解，他將變得更為狡猾懦弱；然而他的原型，卻不能以懲罰、勸解，或經驗來改變。因為經驗已經與個人的統覺相一致，唯有了解基本人格，才能發生變化。

個體心理學朝著新方向走了一段長路，終於總結了近二十五年的研究成果；而心理學家和精神分析學家仍互相爭辯著，堅持自己的主張。且讓他們一較高下，但我們不能同意在美國大力倡導的「驅力」（drive）心理學，因為他們所說的「驅力」，除了遺傳傾向外，有很大的空白尚未說明；我們也不能認同行為主義者的「條件反射」（conditioning）和「反應」（reactions）。有些心理學家甚至根本不會採用這些術語，因為從一個人的「驅力」和「反應」無法建構他的命運和個性，唯一的辦法，是了解這種移動朝向的目標。

第三章　人格的統一性

一、奇妙的心理

我們發現，兒童的心理活動是件奇妙的事，任何一點都是令人著迷的。

而最為重要的是這樣一個事實：如果我們想要理解兒童的某一特定行為，必須先了解其總體的生活史。兒童的所有活動都是他整體生活和人格的表現，若不發掘其中隱蔽起來的背景，就無從理解他的舉動，我們將這種現象稱為「人格的統一性」。

人格的統一性從童年就開始發展，生活的要求迫使兒童整合自己的反應，而他對不同情境的統一反應構成了兒童的性格，使他的所有行動個性化，進而與其他兒童產生區別。

人格的統一性被絕大多數的心理學派忽視，即使沒有被完全忽視，也未受到應有的重視。結果，在心理學理論或精神病學的實踐上，經常把一個特定的手勢或表達，與個體的其他活動分割開，最後被歸類為某種情結。這樣的做法，就像從一個完整的旋律中抽出一個音符，試圖在脫離旋律的情況下理解這個音符的意義。這種做法相當普遍，但也明顯有欠妥當。

對於此種普遍的錯誤做法，個體心理學自然反對。特別是此種做法，會在兒童教育上造成不小的危害，這在關於兒童懲罰的理論中尤為明顯：如果兒童做了招致懲罰的事情，通常會發生什麼？人們確實會考慮到兒童人格給人們的總體印象。如果這個兒童經常犯同樣的錯誤，教師或家長就會先入為主地認為他屢教不改；相反，如果這個兒童在其他方面表現良好，人們會由於總體的好印象，而不過於嚴厲地處置。但這兩種情況都沒有觸及到問題的根源，即沒有在全面理解人格統一性的基礎上，探討犯錯的原因。這點就如同脫離整個旋律後，再解釋某一單個音符一樣。

如果我們詢問一個兒童他懶惰的原因，就不能期望他能理解我們為何想知道；同樣，也不要期望一個兒童告訴我們他撒謊的原因。偉大的蘇格拉底深諳人性，他的話幾千年來一直縈繞耳邊：「認識自己是多麼的困難！」同樣的理由，我們又怎能期望一個孩子能回答如此複雜的問題？即使是心理學家，要回答這個問題也並非易事。

欲了解個體行為的意義，前提是能認識他的整體人格。這個辦法並不是要描述兒童做了什麼、如何去做，而是理解他面臨任務時所採取的態度。

二、生活背景

了解兒童整體的生活背景十分重要，茲舉以下例子說明：

一個十三歲的男孩有兩個妹妹。五歲前，他是家裡唯一的孩子，度過了一段美好的時光。那段時期，他周圍每個人都樂於滿足他所有要求。媽媽非常寵愛他，爸爸脾氣好，喜靜，兒子也依賴他，父親感到高興。但孩子對媽媽還是更為親近，因為爸爸是個軍官，經常不在家。母親是一個聰明善良的女人，總是試圖滿足這個既依賴又固執的兒子，所有心血來潮的要求；不過，當這個男孩表現出沒有教養和脅迫性的態度時，媽媽經常生氣，母子關係出現了緊張。

這首先表現在，兒子總是試圖支配母親，對她專橫霸道、發號施令。總而言之，他以各種煩人的方式去尋求他人注意；但即使給媽媽帶來了各種麻煩，這個孩子其實本質並不壞。因此媽媽還是會順著他，幫他整理衣服、輔導他的功課。所以這個孩子總是相信：媽媽會幫他解決任何自己面臨的困難。他也是個聰明的孩子，像普通兒童一樣接受良好的教育，在小學的成績也還不錯。

直到八歲那年，男孩起了明顯的變化，使得父母對他難以忍受。他自暴自棄、無所用心、懶散拖沓，常使他媽媽盛怒。一旦媽媽沒有給他想要的東西，他就扯媽媽頭髮、捏她耳朵、掰她的手指，不讓她片刻安寧，而他拒絕改正自己的行為；而隨著妹妹長大，很快就成為男孩捉弄的目標，雖然還不至於傷害妹妹，但他的嫉妒心是顯而易見的。妹妹的誕生，使她成為家裡關注的新焦點，而男孩的惡劣行為也由此滋生。

當一個孩子的行為變壞，或是出現讓人煩惱的跡象時，我們不但要追溯此種行為出現的時間，還要探究它產生的原因。需要特別強調的是：「原因」一詞應當小心使用，因為我們一般不會體認到，妹妹的出生是哥哥成為問題兒童的原因，但這種情況卻經常發生。自然，這不是嚴格意義上的物理學因果關係，因為我們絕不能聲稱，一個孩子的行為之所以變壞，必然是因為另一個孩子的出生。墜落中的石頭，必然有著一定的方向和速度；而個體心理學的研究有權宣稱，在心理「墜落」方面，必然被那些不時產生的大小錯誤所影響，進而影響到個體未來的成長。

心理發展過程的錯誤與結果密切相關，並會體現出錯誤的個體行為、錯誤的人生取向，這些都是毫不稀奇的事。而錯誤的根源在於心理目標的確定：心理目標的確定和判斷有關，一旦涉及判斷，即有判斷錯誤的可能。兒童通常在二歲或三歲，就會確定追求某個優越的目標，而這個目標會一路指引他；目標一旦確定就不易改變，將會不同程度地控制著兒童，而兒童也會調整自己的生活，以集中精力實現目標。

因此，孩子對事物個體性的理解決定著他的成長，這一點很重要；如果兒童陷入新的困難，他的行為會受制於已經形成的錯誤觀念，這一點也同樣重要。正如我們所知：兒童在情境中獲得印象的強度和方式，絕非取決於客觀的事實（如另一個孩子的出生），而取決於兒童如何判斷情境。客觀事實與絕對含義間存在必然的連繫，但客觀事實與對事實的錯誤看法之間，絕不存在這種連繫——這就是反駁嚴格因果論的充分依據。

弄清事實的看法，而不是事實本身，這將決定我們的行動方向。這就是我們心理上最奇妙、也特別重要的地方：對事實的看法是我們行動的基礎，也是我們人格建構的基礎。主觀看法影響行動的一個經典的例子，就是凱撒登陸埃及的情況：凱撒踏上海岸時被絆了一下，立刻摔倒在地。羅馬士兵把這視為不祥之兆，而如果不是凱撒（機智地）激動地張開雙臂喊道：「你屬於我了，非洲！」羅馬士兵肯定掉頭返回了。

從中我們可以看出，現實自身的結構對我們行動所起的作用是多麼微小，現實又是如何受到我們結構化、整合良好的人格的制約。大眾心理和理性的關係也同樣如此：如果在一個對大眾心理有利的環境中，出現了人健康的理性常識，這並不是說大眾心理或理性是由環境決定的，而是體現了兩者對環境自發看法的一致。一般情況下，當謬誤的觀點受到分析、批評時，理性常識便會出現。

三、解決方法

讓我們再來看看，前文提到的男孩，他後續的故事：

不難想像，這個男孩很快會陷入困難。沒有人再喜歡他，他的成績也進步不大，我行我素，並且依然不斷地干擾別人，這是他人格的完整表現；每當他騷擾別人，就會受到懲罰，被記錄在案，並向他父母寄送投訴信；若屢教不改，學校就會建議父母把這個孩子領回去，因為他顯然不適應學校生活。對於男孩而言，別的解決辦法他都不喜歡，這種方法是最好的，他會比其他人都高興。

男孩行動模式的邏輯連貫性，再次體現了他的態度。這是一個錯誤的態度，而這個態度一旦形成，就不易改變。他總想成為眾人的焦點，這是他犯的一個根本錯誤。由於這個錯誤，他總是試圖讓母親圍繞他轉；由於這個錯誤，他儼若君王，擁有絕對的權力達八年之久，直到突然被黜奪了王位。而在他喪失冠冕之前，他只為媽媽存在，媽媽也只為他存在。妹妹的出生削弱了他在家庭的地位，因此他拚命地想奪回自己的王位——這又是一個錯誤。

但我們必須承認，男孩的本性不壞，這種惡劣的行為之所以會出現，是因為他面臨了一個完全沒有準備的情境且無人指引，他只能獨自掙扎。這裡可以舉個例子：若一個小孩已習慣於成為別人的焦點，突然面臨一個完全相反的情境——他開始上學，而學校裡的老師對所有學生一視同仁。如果這個小孩要求教師給予更多的關注，他自然會惹怒老師。對一個嬌慣的兒童而言（一開始還不那麼惡劣，還未到達無藥可救的地步），這種情境是很危險的。

在以上案例中，男孩個人的生活方式與學校期待的生活方式相互衝突。這點很容易解釋，我們能以圖示來描述這種衝突：即標示出兒童人格、學校的方向與目的，會發現它們之間並不一致，甚至相反。兒童生活中的所有活動，都由自身的目的決定，他的整體人格不被允許偏離目的；另一方面，學校卻期望每個孩子都有正常的生活方式，兩者自然會產生衝突。但學校也忽視了這種情境之下的兒童心理，既沒有管理上的寬容，也沒有設法消除衝突的根源。

我們認為，有這樣一個動機控制著男孩的生活：讓母親為他服務、操勞，並且只為他一個人。他的心理縈繞著這樣的盤算：我要控制母親，而且要獨占她；然而學校對他的期望則完全相反：他必須獨立學習，準備好自己的課本和作業。人們非常形象地描述這種情況：像將一匹烈馬拴在一輛馬車上。

在這種情形下，兒童的表現自然不是很好；但如果我們能理解他真實的處境，就會對他表現出更多的同情。懲罰是沒有意義，懲罰只會加深孩子「學校不是理想之所」的想法，而如果男孩被學校開除，或父母被要求將他帶走，他會感到正中下懷。他錯誤的感知方式像一個讓自己陷進去的網，想要母親置於自己的權力之下，要求母親只能為他一個人效勞，這是他認為自己獲得的最大勝利。

假如孩子上學忘記帶課本（如果沒有忘記過，才是個奇蹟），是因為如果他忘記了什麼，母親就會為他操心。這絕不是一個單獨的行為，而是總體人格的一部分。我們必須記住：人格的所有表現都相互關聯，最終構成一個整體。因此我們便會知道：這個男孩的行為與其生活方式完全一致。

這一事實也在邏輯上駁斥了一種假設：孩子不能勝任學校的任務，原因是他智力遲鈍。如若一個人不能按照自己的生活方式去行事的話，那麼這個人的智力才是真正的遲鈍。

這一案例還告訴我們：在某種程度上，所有人的處境都與這個小男孩的類似。我們生活、理解的方式，並沒有與社會傳統完全一致。過去，我們曾認為傳統是神聖而不可背棄的；但如今我們已認識到，人類的社會制度和風俗，並無什麼神聖之處，也並非永恆不變。

相反，傳統總是不斷地變化，而這種變化來自於社會中個體持續相爭。制度與習俗都是為個體而存在的，雖然社會意識決定了個體的救贖與否，但不表示，就可以強迫個體接受千篇一律的社會模式。思考個體與社會的關係，是個體心理學的基礎，同時對於如何妥善處理學校中適應不良的學生，也有著特殊的意義。學校必須把兒童視為一個完整人格的個體，一塊有待雕琢的璞玉；學校還必須運用心理學的知識，以評價、判斷特定行為。學校不能將特定的行為視為孤立的水滴，而是要視其為整片海洋的其中一部分，即完整人格的其中一部分。

電子書購買

國家圖書館出版品預行編目資料

自卑情結：被冷落與溺愛的扭曲心靈，讓阿德勒來拯救 / 劉燁，謝蘭舟編譯 . -- 第一版 . -- 臺北市：崧燁文化事業有限公司，2022.03

面；　公分

POD 版

ISBN 978-626-332-179-3(平裝)

1.CST: 精神分析學

175.7　　111002928

自卑情結：被冷落與溺愛的扭曲心靈，讓阿德勒來拯救

臉書

編　　譯：劉燁，謝蘭舟

排　　版：黃凡哲

發 行 人：黃振庭

出 版 者：崧燁文化事業有限公司

發 行 者：崧燁文化事業有限公司

E-mail：sonbookservice@gmail.com

粉 絲 頁：https://www.facebook.com/sonbookss/

網　　址：https://sonbook.net/

地　　址：台北市中正區重慶南路一段六十一號八樓 815 室

Rm. 815, 8F., No.61, Sec. 1, Chongqing S. Rd., Zhongzheng Dist., Taipei City 100, Taiwan

電　　話：(02)2370-3310　　　**傳　　真**：(02)2388-1990

印　　刷：京峯彩色印刷有限公司（京峰數位）

律師顧問：廣華律師事務所 張珮琦律師

定　　價：350 元

發行日期：2022 年 5 月第一版

◎本書以 POD 印製